AF384864

CATALOGUE
DES LIVRES
DE FEU
MONSIEUR L'ABBÉ
DE FLEURY,
CHANOINE
DE L'EGLISE DE PARIS;

Dont la Vente se fera en détail Mardi 27. Avril 1756. & jours suivans, de relevée, rue Haute-feuille, au coin de la rue Percée.

Le présent Catalogue se trouve

Chez G. MARTIN, Libraire, rue Saint Jacques à l'Etoile.

MDCCLVI.

A V I S.

LEs circonſtances d'un Inventaire, & la néceſſité de vuider le logement qu'occupoit la Bibliothéque, n'ont pas permis de faire un Catalogue méthodique des Livres de feu M. l'Abbé DE FLEURY. On a été contraint de le faire ſuivant l'ordre des Nº. de l'Inventaire ; mais en faiſant la deſcription des Livres compris ſous chacun de ces Nº. on a rapproché les volumes d'une même matiere ou d'un même Auteur, autant qu'il a été poſſible. Au reſte par l'inſpection du Catalogue il ſera aiſé de juger qu'on ne pouvoit pas faire de ces Livres une Bibliothéque ſuivie, & conſéquemment que M. l'Abbé de Fleury n'a voulu former qu'un Cabinet compoſé de Livres utiles & curieux, & de Traitez ſinguliers pour leſquels il avoit un goût décidé. Il en avoit un pareil pour les Eſtampes & les Curioſitez de la Nature & de l'Art, dont il a laiſſé une Collection conſiderable & précieuſe. On en a publié le Catalogue, & la Vente a ſuivi.

Celle-ci commencera le Mardi 27 Avril de relevée, & l'on en diſtribuera les Liſtes le Samedi de chaque ſemaine.

CATALOGUE

CATALOGUE
DES LIVRES
DE FEU

Mr. l'Abbé JOLY DE FLEURY, *Chanoine de l'Eglife de Paris.*

Nº. 1. DE L'INVENTAIRE.

IBLIA Hebraïca, cum Verſione La- 18.1
tina interlineari Pagnini ; accedit N.
Teſtamentum Græco-Latinum ex
Verſione Ariæ Montani. *Genevæ* 1609.
infol.

Biblia Latina Vatabli: nova editio. *Par.* 1729. & 20.5——
1745. 2. v. infol.

Bible Lat. & Fr. avec le comment. de D. Calmet. 129.13
Par. 1724. 9. v. infol.

Bible Françoiſe, avec les Réfléxions de J. F. Oſ- 29.13
tervald. *Amſt. Chaſtelain.* infol.

Bible Françoiſe, trad. par Charles le Cene. *Amſt.* 19.1
1741. 2. v. infol.

Diction. de la Bible, par D. Calmet ; avec le Su- 80."
plément. *Par.* 1722. & 28. 4. v. infol. fig.

Hiſt. de l'Egliſe, par Baſnage. *Rotterd.* 1699. 2. 15."
v. infol.

A

N°. 2.

21.5 Diction. de l'Acad. Franç. Par. 1740. 2. v. in fol. 21

73.. Diction. de Trevoux ; avec le Suplément. Par.
1721. & 1752. 6. v. in fol.

25.2 Le même Suplément, séparément in fol. br. 16.0

32.» Diction. de Commerce, par Savary ; avec le Su-
plément. Par. 1723. & 1730. 3. v. in fol.

50.» Etat de la France, par le Comte de Boulainvil-
liers. Lond. 1727. & 28. 3. v. in fol. 50.0

42.» Hist. de Paris, par Felibien & Lobineau. Par.
1725. 5. v. in fol. fig.

N°. 3.

109.» Hist. Ecclésiastique, & Hist. des Empéreurs, par
le Nain de Tillemont. Par. 1700. & suiv. 22.
v. in 4. 50.0

15.7 Pausanias, ou Voyage de la Grece, trad. par Ge-
doyn. Par. 1731. 2. v. in 4.

9.1 Antiquités Romaines de Denis d'Halicarnasse,
trad. (par Bellenger.) Par. 1723. 2. v. in 4.

0.10 Abregé de l'Hist. Rom. selon Tite-Live. M S.
in 4. 0.10

60.15 Hist. Naturelle, avec la Description du Cabinet
du Roi, par MM. de Buffon & Daubenton. Par.
Imp. R. 1749. & suiv. 5. v. in 4. fig.

N°. 4.

106.» Traitez de Théologie Scholastique & Morale ;
Dissertations sur l'Ecriture S. la Discipline &
l'Hist. Ecclésiastiq. le Droit Canoniq. & la Phy-
sique. M S. 27. v. in 4. 24.0

N°. 5.

4.12 Le Zodiaque de la Vie, trad. du Poëme Latin de
Palingene par de la Monnerie. La Haye 1731.
2. v. in 12.

1.10 Les Caracteres, par Mad^e. de Puisieux. Lond.
(Par.) 175 . in 8. br. 0.10

1.10 Considérat. sur les Mœurs de ce siécle, (par M.
Duclos.) 1751. in 12. 1.0

Mém. pour l'Hist. des Mœurs du 18e. siécle, (par le même.) 1751. 2. t. en 1. v. in 12.

Hist. des Passions, ou Avantures du Chevalier Shroop, trad. de l'Anglois. *La Haye* (Par.) 1751. 2. v. in 8. br.

Le Héros, trad. de Gracian par de Courbeville. *Par.* 1725. in 8.

L'Homme universel, trad. du même, par le même. *Par.* 1723. in 8.

L'Homme de Cour, trad. du même par Amelot de la Houssaie. *Par.* 1702. in 12.

Lettres Persanes. *Col.* 1730. 2. t. en 1. v. in 12.

Lettres Philosophiq. par M. de V.... *Amst.* 1734..... Réfléxions sur les Femmes, (par la Marq. de Lambert.) *Lond.* (Par.) 1730. in 12.

Essai sur les Erreurs populaires, trad. de l'Anglois de Brown. *Par.* 1733. 2. v. in 12.

Eloge de l Folie, trad. d'Erasme par Gueudeville. *Amst.* 1728. in 8. fig.

Le Procès sans fin, ou Hist. de John Bull, (allegorie critiq. de la Guerre de 1702.) trad. de l'Anglois de Swift. *Lond.* (Par.) 1753. in 12. br.

Lettres d'Abailard & d'Heloïse, en Lat. & en Fr. de la trad. & avec les notes (de F. Arm. Gervaise.) *Par.* 1723. 2. v. in 12.

Lettres du Card. de Richelieu. *Par.* (Holl.) 1696. 2. v. in 12.

Lettres de Patin. *La Haye* (Rouen) 1715. 3. v. in 12.

Lettres de Boursault. *Par.* 1669. in 12.

Lettres du C. de Bussy. *Par.* 1720. 7. v. in 12.

Lettres de Mad^e. de Sevigné, avec le Suplément. *Par.* 1735. 51. & 54. 9. v. in 12.

Lettres de Bayle. *Rotterd.* 1714. 3. v. in 12.

5.5 Lettres de Ric. Simon. *Amst.* 1730. 4. *v. in* 12.

2.19 Lettres choisies de MM. de l'Acad. Fr. avec la trad. des Fables de Faërne, par Ch. Perrault. *Par.* (*Brux.*) 1708. *in* 12.

1.3 { Les Désordres de l'Amour, par Mad^e. de Ville-dieu. *in* 12.   0.10

Réfléxions sur l'Opéra. *La Haye* 1741. *in* 12. *br.*

N°. 6.

3.15 Iinstructions du Rituel d'Alet. *Par.* 1719. *in* 12.

0.17 Education des Ecclésiastiques dans les Séminaires. *Par.* 1699. *in* 12.   0.10

0.10 Devoir des Pasteurs, trad. du Latin de D. Barthe-lemy des Martyrs par de Mello. *Par.* 1672. *in* 12.

1.1 Vie des Vierges, par de Villethiery. *Par.* 1714. *in* 12.

1.5 Vie des Gens mariez, par le même. *Par.* 1711. *in* 12.

1.11 Traité de l'Amour de Dieu, trad. du Latin de M. Bossuet. *Par.* 1736. *in* 12.

0.10 De la pratique des Billets, par Carrel. *Brux. in* 12.   0.10

0.15 Le vrai Devot considéré à l'égard du Mariage.... Lettre d'une Carmelite à une personne enga-gée dans l'Hérésie, avec la Conversion de la Du-chesse d'Yorck, par du Guet. *in* 12.   0.10

0.17 Régle des Mœurs, (par Gerberon.) *Cologne* 1688. *in* 12.

2.2 De la Sagesse, par Charron. *Elzevir. in* 12.

1.11 Devoirs de l'Homme & du Citoyen, trad. de Pu-fendorf, par Barbeyrac. *Amst.* 1715. *in* 8.

15 Essais de Morale, & Instructions, de Nicole. *Par.* 1715. 17. *v. pct. in* 12. *manq. les t.* 7. & 8. des *Essais*, & *l'Instruct. sur le Pater.* 12.

2.10 Traité de la Prière, par Nicole. *Par.* 1741. 2. *v. pet. in* 12.

Réfléxions sur les connoissances préliminaires au Christianisme. *Par.* 1755. 2. *v. in* 12. *br.*

Traité de la Grace. *Utrecht* 1746. 4. *v.* 12.

Vie de Pélage. 1751, *in* 12. *br.*

Dissertat. de Thiers sur la sainte Larme de Vendôme. *Amst.* 1751........ Réponse du même au P. Mabillon. *in* 12. *br.*

Instruction past. de M. l'Evêque du Puy aux nouveaux Convertis. *Montauban* 1751. *in* 12. *br.*

Opstraet de Locis Theologicis. *Insulis* 1637. 3. *v. in* 8. *br.*

Phantôme du Jansenisme. *Cologne* 1686. *in* 12.

Lettre d'Arnauld à l'Evêque de Malaga. *in* 12.

Lettres à M. l'Evêque de Soissons, sur les promesses faites à l'Eglise. *Amst.* 1738. *in* 12.

Instruction de M. l'Archevêque de Tours sur la Justice Chrétienne. *Par.* 1749. *in* 12.

Instructions sur les vérités de la Grace & de la Prédestination. *Avignon* 1748. *in* 12.

Explication des Sacremens, par M. l'Evêque de Tulle. *Tulle* 1734. 3. *v. in* 12.

L'Esprit de J. C. & de l'Eglise sur la fréquente Communion, par le P. Pichon. *Par.* 1745. *in* 12.

Méthode pour etudier la Theologie, (par du Pin.) *Par.* 1716. *in* 12.

Avertissemens de Vincent de Lerins, trad. par de Frontignieres. *in* 12.

Recueil des Bulles concernant les Erreurs des deux derniers siecles. *Mons* 1710. *in* 8.

Ecclaircissement touchant les Conciles Généraux. *Amst.* 1734. *in* 12.

Bureau du Concile de Trente, par Gentillet. 1586. *in* 8.

Revision du Concile de Trente, par Ranchin. 1600. *in* 8.

Petrus Martyr de Cœlibatu Sacerdotum & Votis Monasticis. *in 8.*

Traité sur la doctrine de Baïus. 1739. 2. *v. in 12.*

Examen theologique de l'Instruction des Quarante. 1715. 3. *v. in 12.*

Examen des Reflexions d'Arnauld sur le Préservatif contre le changement de Religion. *in 12.*

Abregé de la Philosophie. *Par.* 1754. 2. *v. in 12. br.*

No. 8.

De Walenburch de Controversiis Fidei. *Colon.* 1670. 2. *v. in fol.*

Diction. Œconomique de Chomel. *Lyon* 1718. 2. *v. in fol.*

Chemnicii Examen Concilii Tridentini. *Genevæ* 1614. *in fol.*

Methodes de Controverses, par Veron. *Par.* 1638. 2. *v. in fol.*

L'Antiquité expliquée & représentée en figures, par de Montfaucon; avec le Suplément. 15. *v. in fol. en portefeuilles, sans Discours.*

No. 9.

Traité de la Police, par Delamare. *Par.* 1722. & *suiv.* 4. *v. in fol.*

Œuvres de Pasquier. *Amst.* (*Trevoux*) 1723. 2. *v. in fol.*

Diction. de Medecine. *Par.* 1746. 6. *v. in fol. br.*

Description de la Chine, par du Halde. *Par.* 1735. 4. *v. in fol. fig.*

Malpighii Opera. *Lond.* 1686. *in fol. fig.*

Mangeti Theatrum Anatomicum. *Genevæ* 1716. 2. *v. in fol. fig.*

Commentaires de Matthiole sur Dioscoride, trad. par du Pinet. *Lyon* 1680. *in fol. fig.*

Hist. des Oyseaux, par Belon. *Par.* 1555. *in fol. fig.*

Hift. de tous les Oyfeaux de l'Univers. *MS. in fol.*
maroq.

Salvianus de Pifcibus. *Romæ* 1554. *in fol. fig.* co-
lor. mar.

Les Raretez d'Amboine, par Rumphius ; en Fla-
mand. *Amft.* 1705. *in fol. fig.*

Architecture de Vitruve, trad. par Perrault. *Par.*
1673. *in fol. fig.*

Les Edifices antiques de Rome, par Defgodets.
Par. 1682. *in fol. fig.*

Cartes de la Geographie ancienne, par Sanfon.
in fol.

La Vie de S. Bruno, gravée d'après le Sueur,
par Chauveau. *in fol. fig.*

Les Hommes illuftres de Perrault. *Par.* 1696.
& 1700. 2. *t. en* 1. *v. in fol. fig.*

No. 10.

Bible Lat. & Françoife, avec des notes, par le
Maiftre de Saci. *Liege* 1701. 2. *v. in fol.*

Alexandri Theologia Moralis. *Par.* 1714. 2.
v. in fol.

Diction. de Cas de Confcience, par Pontas. *Par.*
1730. 3. *v. in fol.*

Diction. de Cas de Confcience, par Delamet &
Fromageau. *Par.* 1733. 2. *v. in fol.*

Loix Ecclefiaftiques de France, par de Hericourt.
Par. 1730. *in fol.*

Difcipline de l'Eglife, par Thomaffin. *Par.* 1725.
3. *v. in fol.*

Loix Civiles, par Domat. *Par.* 1735. *in fol.*

No. 11.

Ceremonies religieufes des Nations. *Amft.* 1723.
& *fuiv.* 9. *v. in fol. fig.* de Picart.

Gerfonii Opera. *Antverp.* 1706. 4. *v. in fol.*

Grotii Operum tomus tertius, continens Opuf-
cula diverfa. 1678. *in fol.*

Ejufdem

Ejuſdem Epiſtolæ. *Amſt.* 1687. *in fol.*

Placæi Diſputationes Theologicæ Salmurienſes. *Salmurii* 1660. *& ſuiv.* 3. *t. en* 1. *v. in* 4.

Le Blanc Theſes Theologicæ Sedanenſes. *Lond.* 1675. *in fol.*

Ruyſch Theatrum Animalium. *Amſt.* 1718. 2. *v. in fol. avec les figures dans un portefeuille.*

Liſteri Conchylia. *Lond.* 1685. *in fol. fig.*

Pierres gravées du Cabinet du Roi, par M. Mariette. *Par.* 1750. 2. *v. in fol. fig.*

Motets de Campra. *Par.* 1713. *in fol.*

Recueil d'endroits choiſis des Ouvrages de Muſique de M. Lallouette. *MS.* 1722. *in fol.*

Pſeaumes & Cantiques, Muſique Latine. 2. *v. in fol.*

Nᵒ. 12.

Les Hommes illuſtres de Plutarque, trad. par Dacier; avec la Suite de Bellenger. *Par.* 1721. & 1734. 9. *v. in* 4. G. P. *fig.*

Hiſt. des Papes. *La Haye* 1732. 5. *v. in* 4.

Hiſt. des Auteurs Sacrés & Eccleſiaſtiques, par D. Ceillier. *Par.* 1729. *& ſuiv.* 18. *v. in* 4.

Hiſt. des Conciles de Piſe, de Baſle, & de Conſtance. *Holl.* 6. *to. en* 4. *v. in* 4. *fig.*

Hiſt. du Concile de Trente, trad. de Paolo Sarpi, par le Courayer. *Amſt.* 1736. 2. *v. in* 4.

Hiſt. des Guerres d'Italie, trad. de Guicciardin. *Lond.* 1738. 3. *v. in* 4.

Hiſt. de l'Etabliſſement de la Monarchie Françoiſe, par du Bos. *Par.* 1734. 3. *v. in* 4.

Les Mœurs & Uſages des Turcs, par M. Guer. *Par.* 1746. 2. *v. in* 4. *fig.*

La Republique des Turcs, par Poſtel. *Poitiers* 1560. *in* 4.

Hiſt. naturelle & morale des Iſles Antilles, par Rochefort. *Rotterd.* 1658. *in* 4. *fig.*

Traité de Morale. *Par.* 1695. *in* 4.

Hist. de la Réforme de Cîteaux, par Gervaise. *Avignon* 1746. *in* 4.

Vie de S. François Xavier, par Bouhours. *Par.* 1682. *in* 4.

Hist. du Socinianisme, (par le P. Anastase.) *Par.* 1723. *in* 4.

Hist. du Prédestinatianisme, par le P. du Chesne. *Par.* 1724. *in* 4.

Hist. du Calvinisme & du Papisme, par Jurieu. *Rotterd.* 1683. 2. *v. in* 4.

Traité des Unions de Bénéfices. *MS.* 1740. *in* 4.

Origine des Parlemens de France, & des Etats Generaux. *MS. in* 4.

Etablissement du Parlement de Paris. *MS. in* 4.

Epreuves des Caractères de la Fonderie de Mozet. *in* 4.

Epreuves des Caractères de la Fonderie de Gando. *in* 4.

Modeles des Caractères gravés par Fournier le jeune. *in* 4. *oblongo.*

Epreuves des Caractères de la Fonderie de Lamesle. *in* 4.

Epreuves des Caractères de la Fonderie de Enschede. *Harlem. in* 8. *br.*

No. 13.

Bibliotheque des Auteurs Ecclesiastiques, par du Pin ; avec ses Prolegomenes sur la Bible, son Traité de la Doctrine Chrétienne, son Traité de l'Amour de Dieu, & son Traité de la Puissance Ecclesiastique & Temporelle ; ensemble les Remarques de Petit-Didier, & la Critique de Richard Simon. *Par.* 65. *v. in* 8.

Vies des Saints, par Baillet. *Par.* 1704. 17. *v. in* 8.

N°. 14.

Lettres Françoises & Germaniques. *Lond.* 1740. *in* 12.

Oeuvres de M. Racine. *Par.* 1747. 6. *v. in* 12.

Lettres du Chevalier d'Her.... par M. de Fontenelle. 2. *v. in* 12.

Lettres de Therese. *La Haye* 1742. 2. *v. in* 12.

Lettres sur les Anglois, les François & les Voyages, (par Muralt.) 1726. 2. *v. in* 12.

Lettres de Mad. de Maintenon. *Nancy* 1752. 2. *v. in* 12.

Vie de Mad. de Maintenon. *Nancy* 1753. *in* 12. *br.*

Lettres de Mad. du Noyer. 6. *v. in* 12.

Lettres de Pline , trad. par de Sacy. 3. *v. in* 12.

Harangues de l'Académie Françoise. *Par.* 1735. 4. *v in* 12.

Hist. de la même Academie , par Pelliſſon. *in* 12.

La même; avec la continuation de l'Abbé d'Olivet. *Par.* 1743. 2. *v. in* 12.

Origine des Romans , par M. Huet. *in* 12.

Amours de Theagenes & de Chariclée , trad. d'Heliodore. *Par.* 1727. 2. *v. in* 12.

Mem. de la Cour de France , par Mad. de la Fayette. *Amſt.* 1731. *in* 12.

Telemaque de M. de Fenelon. *Par.* 1717. 2. *v. in* 12. *fig.*

Critique du Telemaque. *Cologne* 1700. 2. *v. in* 12.

D. Quichotte , trad. de l'Eſpagnol de Cervantes. *Par.* 6. *v. in* 12.

Le Princeſſe de Cleves. 2. to. en 1. *v. in* 12.

Lettres ſur la Princeſſe de Cleves , (par M. de Valincour.) *in* 12.

Converſations ſur la Critique de la Princeſſe de Cleves , (par l'Abbé de Charnes.) *in* 12.

Zayde de Segrais. *Par.* 1670. 2. *v. in* 12. *gr. lett.*

Nouvelles Françoiſes, ou Divertiſſemens de la Princeſſe Aurelie , par le même. *Par.* 1722. 2. *v. in* 12. *fig.*

Mem. de Mad. de Mazarin. *in* 12. *1 · 0*

Mem. du Comte de Grammont, par Hamilton. Cologne 1713. *in* 12. *1 · 10*

La Princeffe de Montferrat. *in* 12. *br. 0 · 10*

Hift. de Mad. de Luz, (par M. de Pontdeveyle.) *in* 12. *0 · 10*

Confeffions du Comte de . . . *in* 12. *br. 1 · 0*

Lettres d'Ofman. 3. *to. en* 1. *v.* 12. *1 · 10*

La Jerufalem délivrée du Taffe, trad. par M. Mirabaud. 2. *v. in* 12. *2 · 0*

Le Comte de Gabalis, avec la Suite. *Cologne. in* 8. *1 · 10*

Le nouveau Gulliver, trad. de l'Anglois par l'Abbe des Fontaines. 2. *v. in* 12. *2 · 0*

L'Efpion de Thamas Kouli-kan dans les Cours de l'Europe. *Cologne* 1746. *in* 12. *1 · 10*

Traités de Phyfique & d'Hift. Naturelle, par M. Deflandes. *Par.* 1750. 3. *v. in* 12. *fig. 4 · 10*

Vies des Peintres & des Architectes, par Felibien. 6. *v. in* 12. *6 · 0*

Nº 15.

Préfervatif contre la réunion avec le Siege de Rome, par Lenfant. *Amft.* 1723. 4. *v. in* 8. *6*

Remarq. fur une Lettre de M. Spon, (par Arnauld.) *in* 12. *0 · 10*

Reflexions fur le Préfervatif contre le changement de Religion, par le même. *in* 12. *1 · 0*

Difcernement de la Créance Catholique & de celle des Proteftans touchant la Grace & la Prédeftination. *in* 12. *0 · 12*

Refutation des erreurs des Quietiftes, par Nicole. *in* 12. *1 · 0*

Perpetuité de la Foy touchant l'Euchariftie, par le même. *in* 12. *1 · 0*

Préjugés contre les Calviniftes, par le même. *in* 12. *1 · 0*

Jurieu. 2. v. in 12. 1 · o

Oeuvres de Papin. *Par*. 1723. 3. v. in 12. 2 ·

Ratramne du Corps & du Sang du Seigneur, en Lat. & en Franç. *Quevilly* 1673. in 12. o · 10

Le même Traité de Ratramne, avec les remarques de Jac. Boileau. *Par*. 1686. in 12. 1 · o

Suite du N°. 15.

Instructions de M. Bossuet sur les promesses faites à l'Eglise. in 12. 1 · o

Exposition de la Doctrine Catholique, par le même. in 12. 1 · o

De la Communion sous les deux espéces, par le même. in 12. 1 · o

Hist. des Variations des Eglises Protestantes, par le même. 4. v. in 12. o · o

Défense de l'Hist. des Variations, par le même. in 12. 1 · o

Conference avec M. Claude, par le même. in 12. 1

Lettres & Sermons du même; avec sa Conférence avec M. Claude. in 12. 1 · o

Le Calviniste convaincu de nouveau. *Cologne* 1682. in 12. 1 · o

Du Ministere des Pasteurs, par M. de Fenelon. in 12. 1 · o

Traité de l'Eglise, par Brueys. in 12. 1 · o

Maximes de Religion, & Marques de la vraie Eglise, par Serres. in 12. o · 10

Vérités de la Religion, par Petit. in 12. mar. o · 12

Traité de la Confession, par de Sainte - Marthe. in 12. 1 · o

Du Secret de la Confession, (par Lochon.) in 12. 1

Traité de l'Eucharistie, par Pellisson. in 12. 1 ·

Du Juge des Controverses, par du Moulin. in 8. 1

Défense de la Doctrine des Eglises Réformées, par le même. in 8. 1 · o

De l'emploi des Peres pour le jugement des differends de Religion, par Daillé. in 8. 1 · o

Hist. de l'Eucharistie, par Larroque. Elzevir
1671. in 8.

La Religion Protestante, une voie sûre au Salut,
trad. de l'Anglois de Chillingworth. Amst.
1730. 3. v. in 12.

Défense des Missionnaires de la Chine, par le
Tellier. 2. v. in 12.

Conjectures sur la Genèse, (par M. Astruc.)
Bruxel. 1753. in 12.

Explication de la Sagesse, du Cantique des Can-
tiques, de Joel & de Job, par du Guet. 2. v.
in 12. br.

La Vulgate authentique dans tout son texte. Rome
(Paris) 1753. in 12. br.

Lettre d'un Juif converti à l'Abbé Houteville, sur
son Livre de la Religion prouvée par les faits.
in 12.

Pseaumes trad. sur l'Hébreu, insérés dans les His-
toires de l'Ecriture S. auxquelles ils ont rapport.
Par. 1642. in 12. br.

L'Hist. & Concorde Evangelique, trad. du La-
tin d'Arnauld. in 12.

Analyse des Evangiles, des Epîtres de S. Paul &
des Canoniques, par Mauduit. 5. v. in 12.

Explication de l'Epître aux Romains. 3. v. in 12.

Abregé de la Philosophie, ou Dissert. sur la Cer-
titude humaine, la Logique, la Métaphysique
& la Morale. Par. 1754. 2. v. in 12.

Lettres sur les Pensées Philosophiques & le Livre
des Mœurs. 1749. in 12. br.

Trois vol. restans dépareillés de la Bible, & de
Mezanguy, in 12.

N°. 16.

Justesse de la Langue Françoise, par Girard. in
12.

Oraisons funébres de M. Mascaron. in 12.

Oraisons funébres de M. Fléchier. *in* 12.

Sermons de Cheminais. 3. *v. in* 12.

Sermons & Pensées du P. Bourdaloue. *Par.* 1733. 18. *v. in* 12. *pet. let.*

Sermons & autres Ouvrages de M. Massillon. *Par.* 1745. 15. *v. in* 12.

Sermons choisis pour le Carême. *Liege* 1738. 2. *v. in* 12.

Nouveaux Sermons. *Liege* 1738. 5. *v. in* 12.

Discours de Piété, (par Pacaut.) *Par.* 1745. 3. *v. in* 12.

Nouveaux Sermons (du P. Terrasson.) *Utrecht* 1739. *in* 12.

Recueil des Mandemens de M. de Caylus Evêque d'Auxerre. *Auxerre* 1746. *in* 12.

Divers Ouvrages de piété des SS. Peres, trad. par de Laval, (le Duc de Luynes.) *Savreux* 1673. *in* 12.

L'Echelle sainte de S. Jean Climaque, trad. par Arnauld d'Andilly. *Le Petit* 1670. *in* 12.

S. Gregoire de Nazianze sur le Sacerdoce & les devoirs des Pasteurs, trad. *Par.* 1747. 2. *v. in* 12. *br.*

S. Augustin de la Correction & de la Grace, de la véritable Religion, des Mœurs de l'Eglise Catholique, de l'Espérance & de la Charité, trad. par Arnauld. 4. *v. in* 12.

Confessions de S. Augustin, trad. par du Bois. *in* 12.

Abregé des Confessions de S. Augustin. *in* 16.

Soliloques & Méditations de S. Augustin, trad. *in* 12.

Pastoral de S. Grégoire, trad. par de Marsilly. *in* 12.

Tertullien de la Chair de J. C. & de la Résurrection de la Chair, trad. par Giry. *in* 12.

S. Jean

S. Jean Chryſoſtome du Sacerdoce, trad. par La-
my. *in* 12.

Idée de la Converſion du Pécheur. 1731. *in* 12.

Hiſt. des Sacremens, par D. Chardon. *Par.* 1745.
6. *v. in* 12.

Traité des Superſtitions, par Thiers. 4. *v. in* 12.

De l'abſolution de l'Héréſie, par le même. *in* 12.

Des Porches des Egliſes, par le même. *in* 12.

Catechiſme de Nantes, par Menard. *iu* 8.

Catechiſme d'Angers, de la Rochelle & de Luçon.
in 12.

Traité de la Religion révélée, par Martin. *Lewar-
de* 1719. 2. *v. in* 8.

Traité contre les Athées, les Déiſtes & les Pyr-
rhoniens, par Mauduit. *in* 12.

Diſtinction du bien & du mal, avec S. Auguſtin
de la nature du Bien, trad. (par D. Godin Char-
treux.) *in* 12.

Comment. ſur le Breviaire Romain, par Granco-
las. 2. *v. in* 12.

Traité ſur les Miracles, par Serces. *Amſt.* 1729.
in 8.

La Religion des Kouakres. *La Haye* 1720. *in* 12.

N°. 17.

Traité théolog. ſur la Bulle *Unigenitus.* 1738. 2.
v. in 12.

Eccleſia Leodienſis denuntians doctrinam Collè-
gii Leodienſis PP. Societ. Jeſu; cum Appen-
dice. *in* 12.

Traité de l'Egliſe de J. C. 1743. 3. *v. in* 12.

Traité du Formulaire. *Utrecht* 1736. 3. *v. in* 12.

Pſeaumes & Cantiques, mis en vers. *Par.* 1751.
in 12.

Imit. de J. C. trad. en vers par Corneille. *in* 12.
fig.

Choix de Poëſies chretiennes & morales. *Par.*
1739. 2. *v in* 8.

C

1·12 Santolii Hymni sacri. *Par. Thierry* 1698. *in* 12.
1·1 Hymnes de Santeuil, trad. en vers par Saurin. *in*
1·0   12. *Double.*
2·1 Oeuvres de Santeuil, en Lat. & en François, par Pinel de la Marteliere. *in* 12.
1·5 Oeuvres de Boileau. *Par.* 1685. *in* 12.
2·9 Les mêmes. *Amst.* 1702. 2. *v. in* 12. *fig.*
1·10 Piéces galantes en prose & en vers de Mad. de la Suze & de Pellisson. *Lyon* 1695. 4. *to.* en 2 *v. in* 12.
2·9 Recüeil des Poëtes François. *Par.* 1692. 5. *v. in* 12.
1·6 Idylles de Theocrite en Grec & en vers François, par de Longepierre. *in* 12.
1·10 Idylles de Bion & de Moschus, en Grec & en vers François, par le même. *in* 12.
2·17 Anacreon & Sapho, en Grec & en vers François, par le même. *in* 12.
2·8 Anacreon & Sapho, en Grec & en François, par Mad. Dacier. *Amst.* 1699. *in* 12.
1·0 Poësies de du Cerceau. *in* 8.
2·11 Oeuvres de M. Gresset. *Lond.* 1748. 2. *v. in* 12.
1·10 Parodies Bacchiques, notées. 3. *v. in* 12.
1·16 Phædri Fabulæ, & Publ. Syri Sententiæ, cum notis Fabri & Gallica versione. *Hagæ Comitum* 1725. *in* 12.
0·15 Phedre Lat. François. *in* 12.
Virgilius. *in* 24.
6·10 Virgile Lat. François, par Mallemans. *Par.* 1717. 5. *v. in* 12.
5·14 Virgile Lat. François. *Par.* 1746. 4. *v. in* 12.
2·15 Virgile travesti en vers burlesques, par Scarron. 3. *v. in* 12.
2·10 Remarques sur Virgile & sur Homere, par Faydit. 2. *v. in* 12.
Juvenalis & Persius, cum notis Juvencii, *in* 12.

Perſe & Juvenal, Lat. François, par Tarteron. in
12.

Horatius, cum notis Juvencii. 2. v. in 12.

Horace Lat. François, par Tarteron. in 12.

Terentius, cum notis Juvencii. in 12.

Terentius. in 12. cum notis MSS.

Rapini Carmina. 2. to. en 1. v. in 12.

Commirii Carmina. in 12.

Suite du N°. 17.

Lucain, trad. en vers, par Brebeuf. in 12. fig.

Oeuvres du même Brebeuf. 2. v. in 12.

Traité du Poëme Epique, par le Boſſu. in 12.

Epigrammatum Delectus. Savreux 1658. in 12.

Poëſies de Malherbe, avec les obſervat. de Mé-
nage. in 12.

Fables en vers, par de la Fontaine. Amſt. 1730.
in 12.

Oeuvres poſthumes du même. in 12.

Poëſies de Mad. & Mlle. des Houlieres. Par. 1711.
2. v. in 8.

Odes de la Motte. 2. v. in 8.

Fables du même. in 12.

Poëſies paſtorales de M. de Fontenelle. in 12.

Oeuvres en vers de l'Abb. de Villiers. La Haye
1717. in 12.

Oeuvres de Rouſſeau. Soleure 1712. in 12.

Oeuvres choiſies du même. Par. 1741. in 12.

Lettres d'Heloïſe & d'Abeilard, miſes en vers par
M. de Beauchamps. in 8.

La Ligue, Poëme de M. de Voltaire. 1724. in
12.

Le même Poëme de la Henriade. Lond. 1734.
in 8.

Pieces fugitives en proſe & en vers du même.
1740. in 8. br.

La Henriade traveſtie en vers burleſques. in 12. br.

1·4 Sarcellades; & Philotanus. *in 12.* 0·10
2·7 L'Aminte du Tasse, en Italien & en vers Fran-
  çois, par de Torche. *in 12. fig.* 1·10
8·15 Oeuvres de Moliere. 8. *v. in 12.* 5·0
2·10 Oeuvres de Racine. *Bruxel.* 1700. 2. *v. in 12.*
  fig. 2·0
1·1 Oeuvres de Campistron. *in 12.* 0·10
7·2 Oeuvres de Regnard. 4. *v. in 12. manq.* le 1. to. 5
1·5 Oeuvres de M. de Crebillon. *in 12.* 1·0
1·10 Six Pieces de Théatre. *in 12. féparément.* 1·0
N°. 18.
125·0 Diction. de Moreri ; avec les deux Suplémens.
  Par. 1725. 1735. & 1749. 10. *v. in fol.* 100
72·0 Oeuvres de Bayle. *La Haye* 1727. 4. *v. in fol.* 60
79·17 Diction. de Bayle. *Amst.* 1730. 4. *v. in fol.* 60
60·0 Suplément ou Continuation au Diction. de Bayle,
  par de Chauffepié. *Amst.* 1750. & 1753. 3. *v.*
  in fol. 60·0
N°. 19.
127·0 Diction. Geographique , par la Martiniere. *La*
  Haye 1726. & *fuiv.* 10. *v. in fol.* 100
24·0 Diction. de la France. *Par.* 1726. 3. *v. in fol.* 18
12·0 Description de la France , par de Longuerue.
  Par. 1722. *in fol.* 12·0
1·11 Ferrarii Lexicon Geographicum , auctum à Bau-
  drando. *Par.* 1670. *in fol.* 2·0
5·1 Description de l'Archipel , trad. de Dapper. *Amst.*
  1703. *in fol. fig.* 8·0
5·2 Description de l'Afrique , trad. de Dapper. *Amst.*
  1686. *in fol. fig.* 6·0
6·1 La Chine illuftrée , trad. de Kircher , par Dal-
  quié. *Amst.* 1670. *in fol.* G. P. *fig.* 5·0
2·2 Description des Indes Occidentales , par de Laet.
  Elzevir. 1640. *in fol. fig.* 2·0
10·0 Recueil de Voyages, par Thevenot. *Par.* 1696.
  2. *v. in fol. fig.* 10·0

Voyages d'Olearius & de Mandeſlo ; trad. par de Wicquefort. *Amſt.* 1727. 2. *v. in fol. fig.*

Voyages de la Motraye. *La Haye* 1727. 2. *v. in fol. G. P. fig.*

Nº. 20.

Recherches ſur les Théatres de France ; par M. de Beauchamps. *Par.* 1735. *in* 4.

Hiſt. Literaire de la France, par les Benedictins. *Par.* 1733. *& ſuiv.* 9. to. en 10. *v. in* 4.

Traité des Sibylles, par Blondel. *Par.* 1649. *in* 4.

Vies des Peintres, avec leurs Portraits, (par M. Dezallier d'Argenville. *Par.* 1745. & 1752. 3. *v. in* 4.

Recueil des Archevêchez, Evêchez, Abbayes & Prieurés de France, par D. Béaunier. *Par.* 1734. 2. *v. in* 4. *avec des Cartes.*

Vie de S. Thomas d'Aquin, par le P. Touron. *Par.* 1737. *in* 4.

Limborch de veritate Religiònis Chriſtianæ amica Collatio cum erudito Judæo. *Goudæ* 1687. *in* 4.

Renverſement de la Morale de J. C. par les Calviniſtes, (par Arnauld.) *Par.* 1672. *in* 4.

Perpétüité de la Foy touchant l'Euchariſtie, (par Arnauld & Nicole ;) avec la Réponſe generale à Claude. *Par.* (*Holl.*) 1704. 4. *v. in* 4.

Suite de la Perpétuité, par Renaudot. *Par.* 1711. & 1713. 2. *v. in* 4.

Réponſe à la Methode du Cardinal de Richelieu, par Martel. *in* 4.

Traité de l'Egliſe, par Meſtrezat. *in* 4.

Préjugés legitimes contre le Papiſme, par Jurieu. *Amſt.* 1685. *in* 4.

Diſcipline des Egliſes Réformées. *in* 4.

Seldeni Uxor Hebraïca. *Witteberga* 1712. *in* 4.

Meyeri Uxor Christiana. *Amst.* 1686. *in* 4.

4.12 Thomassini Dissertationes in Concilia. *Par.* 1667. in 4.

7.10 Institution d'un Prince , (par du Guet.) *Lond.* 1739. *in* 4.

2.19 Théatre d'Agriculture & Ménage des Champs , par Liger. *Par.* 1723. *in* 4. *fig.*

8.5 Listeri Hist. Animalium Angliæ , & de Lapidibus ejusd. Insulæ. *Lond.* 1678. *in* 4. *fig.* 5.

5.18 Memoires pour l'Hist. de la Fête des Foux , par du Tilliot. *Lausanne* 1741. *in* 4. *fig. br.*

Nº. 21.

10.- Hist. des Hommes illustres de l'Ordre de Saint Dominique , par le P. Touron. *Par.* 1743. 4. *v. in* 4. 15.

20.- Hist. critiq. de Manichée & du Manicheisme, par de Beausobre. *Amst.* 1734. 2. *v. in* 4. 10.

6.17 Traité de la Morale des Peres , par Barbeyrac. *Amst.* 1728. *in* 4.

2.6 Traité des Prêts de Commerce. *Lille* 1738. *in* 4.

7.10 Panegyriques de M. Flechier. *Par.* 1696. *in* 4.

7.0 La Religion prouvée par les faits , par Houtteville. *Par.* 3. to. en 2. *v. in* 4. 7.

1.16 Nouveauté du Papisme , contre le C. du Perron , par du Moulin. *Geneve* 1633. 2. *v. in* 4. 2.

0.10 Replique de Daillé à MM. Adam & Cottiby. *Geneve* 1663. *in* 4. 1.

18.- Commentaire de Dupuy sur les Libertez de l'Eglise Gallicane: nouv. edit. par l'Abbé Lenglet. *Par.* 1715. 2. *v. in* 4. 15.

9.12 Défense de la Declaration du Clergé de 1682. trad. de M. Bossuet , avec des notes. *Amst.* 1745. 3. *v. in* 4. 9.

2.9 Vigorii Opera. *Par.* 1683. *in* 4. 2.

1.11 Des Jugemens canoniques des Evêques , par David. *Par.* 1671. *in* 4.

Traité des Matieres Beneficiales, par Fuet. *Par.* 1721. *in* 4.

Pouvoirs legitimes du premier & du second Ordre. 1740. *in* 4.

Regle de S. Benoist, trad. & expliquée par l'Abbé de la Trappe. *Par.* 1689. 2. *v. in* 4.

L'Esprit des Loix, (par M. de Montesquieu.) *Geneve.* 2. *v. in* 4.

Traité des Loix naturelles, trad. de Cumberland par Barbeyrac. *Amst.* 1744. *in* 4.

Droit de la Nature & des Gens, trad. de Pufendorf par Barbeyrac. *Amst.* 1712. 2. *v. in* 4.

Droit de la Guerre & de la Paix, trad. de Grotius par Barbeyrac. *Amst.* 1724. 2. *v. in* 4.

Oeuvres de Lefchaffier. *Par.* 1651. *in* 4.

Plaidoyers de Gillet. *Par.* 1696. *in* 4.

Diction. de Droit & de Pratique, par de Ferriere. *Par.* 1734. 2. *v. in* 4.

N°. 22.

Les Conciles, leur Histoire, avec des remarques, par le Lorrain. *Cologne* 1717. 2. *v. in* 8.

Traité des droits de l'Etat & du Prince sur les biens du Clergé. *Amst.* 1755. 3. *v. in* 12. br.

Mermoire sur les Mariages clandestins des Protestans, (par M. de Monclar.) 1755. *in* 8. br.

Necrologe des Appellans. 1755. *in* 12. br.

Lettres d'un Theologien, (M. Couet.) *Amst.* 1755. *in* 12. br.

Differtations sur la fource des Divisions theologiques & autres Piéces. *in* 12.

Paraphrase & Explication des Pseaumes, des Livres Sapientiaux, de Job & du N. Testament. *Par.* 1755. 9. *v. in* 12. br. & rel.

Institution d'un Prince, par du Guet. *Lond.* 1740. 4. *v. in* 12.

2 · 0 Devoirs des Grands, & des Gouverneurs de Province, par M. le Prince de Conty ; avec son Testament. *in* 8. *1 · 0*

2 · 0 Grammaire Françoise de M. Restaut. *Par.* 1736. *in* 12. *1 · 0*

2 · 18 Idée des Oraisons funebres, avec la comparaison de celles de MM. Bossuet & Flechier..... Lettre à une Demoiselle sur la Politesse.... Le Livre des Enfans. *in* 12. *1 · 10*

1 · 4 Methode des Etudes, par Fleury. *in* 12. *1 · 0*

7 · 12 Traité des Etudes, par Rollin. *Par.* 1726. 4. *v. in* 12. *8 · 0*

2 · 1 Traité d'Education chrétienne & litteraire. *Par.* 1749. 2. *v. in* 12. *1 · 0*

1 · 18 Lettres du Comte de Tessin au Prince de Suede, trad. du Suedois. *Amst.* 1755. *in* 8. *br. 1 · 10*

1 · 0 Les Elemens de l'Education, par M. de Bonneval. *Par.* 1743. *in* 12. *1 · 0*

1 · 5 Maniere de lire les Auteurs. *Par.* 1747. *in* 12. *1*

0 · 2 Cours de Belles-Lettres distribué par exercices. *Par.* 1747. 4. *v. in* 12. *4 · 0*

1 · 11 {
Reflexions sur l'usage de l'Eloquence. *in* 12. *1*
Dialogues sur l'Eloquence, par M. de Fenelon. *Par.* 1718. *in* 12. *1 · 0*

2 · 0 Essais sur l'Hist. des Belles-Lettres, par M. Juvenel de Carlencas. *Lyon* 1740. 2. *v. in* 12. *1*

1 · 18 {
Reflexions sur la Rhetorique, par Gibert. *Par.* 1707. *in* 12. *1 · 0*
Pensées ingenieuses, recueillies par Bouhours. *Par.* 1722. *in* 12. *1 · 10*

1 · 4 Agenda des Auteurs, ou Calepin litteraire pour ceux qui veulent faire des Livres. 1755. *in* 12. *br. 0 · 10*

5 · 12 Recueil de l'Academie Françoise, depuis 1703. jusqu'à 1737. inclusiv. 6. *v. in* 12. *4 · 10*

N°. 23.

No. 23.

Abregé de la Vie des Peintres, par de Piles. Par. 1 · 8
   1715. in 12. 1 · 0

Cours de Peinture, par le même. Par. 1708. in 1 · 14
   12. 1 · 0

Differt. de Peinture ; Defcription du Cabinet du
   Duc de Richelieu ; & la Vie de Rubens ; par
   le même. Par. 1681. in 12. 1 · 0

Converfations du même fur la connoiffance de
   la Peinture, & fur le Coloris. Par. 1677. in
   12. 1 · 10   } 1 · 12

Sentimens fur la diftinction des diverfes manieres 1 · 4
de Peinture, par Boffe. Par. 1649. in 12. fig. 1 · 9

Cabinet d'Architecture, Peinture, Sculpture, &
   Gravure, par le Comte. Par. 1699. 3. v. in   4 · 10
   12. 2 · 0

L'Art du Feu, ou de peindre en Email, par Fer- 4 · 0
   rand. in 12. br. 1 · 10

Voyage Pictorefque de Paris, (par M. Dezallier 1 · 5
   d'Argenville.) Par. 1749. in 12. 0 · 15

Le même : deuxiéme edit. avec fig. Par. 1752. 2 · 19
   in 12. 1 · 10

Defcription de Verfailles, par Felibien. Par. 1703. 0 · 17
   in 12. fig. 0 · 15

Catalogue des Curiofités de M. de Lorangere, 1 · 11
   par Gerfaint in 12. br. 1 · 0

Catalogue des Curiofités de M. Bonnier, par le 2 · 0
   même. in 12. br. 1 · 0

Catalogue des Curiofités du Chevalier de la Ro-
   que, par le même. in 12. br. 1 · 0   } 5 · 18

Catalogue des Curiofités de M. Angran de Fonf-
   pertuis ; par le même. in 12. br. 1 · 0

Catalogue des Livres, Eftampes & Curiofités
   de MM. Geoffroy. in 12. br. 1 · 0

Catalogue des Eftampes gravées d'après Rubens, } 1 · 0
   & des Oeuvres de Jordaens & de Viffcher ; (

26

par M. Hecquet. *in* 12. *br.*

4·19 {
Catalogue de l'Oeuvre de Rembrandt, par Ger-
faint. *in* 12. *br.* 1·10

Catalogue de l'Oeuvre de Fr. de Poilly, & des
Eftampes gravées d'après Wauvermans, par
M. Hecquet. *in* 12. *br.*

2·8 Dialogue fur la Mufique des Anciens, (par l'Ab-
bé de Chafteauneuf.) *in* 12. *fig.* 0·10

1·16 Traité hiftorique de la Danfe, par M. de Cahu-
fac. *La Haye* 1734. 3. *v. in* 12. *br.* 1·10

1·4 {
Le Jeu des Echets, trad. de l'Italien du Cala-
brois. *in* 12. 0·10

Le Jeu des Echets, par Stamma. *in* 12. *br.*

0·17 Nouvelles Fontaines domeftiques, par M. Amy.
1·2 *Par.* 1750. *in* 12. 0·15 *Double* 1·

4·10 Science des Medailles, par Jobert; avec les re-
marques de M. de la Baftie. *Par.* 1739. 2. *v.*
in 12. *fig.* 2·0

Suite du N°. 23.

0·10 L'Ufure condamnée par le Droit naturel. *Par.*
1753. *in* 12. *br.* 0·10

2·4 Conferences ecclefiafliques du Diocéfe de Lode-
ve. *Par.* 1749. 4. *v. in* 12. 2·0

1·2 Dialogues des Dieux, ou Reflexions fur les Paf-
fions, (par M. Remond de Saint-Mard.) *in*
12. 1·0

2·2 Recueil d'Ecrits fur l'Amour, l'Amitié, la Po-
liteffe, la Volupté &c. *Par.* 1736. *in* 12. 2·0

1·10 L'Efprit du Siécle. *Amft.* 1746. *in* 12. 0·10

0·18 Pieces diverfes & Lettres de Morale & d'amufe-
ment. *Par.* 1746. *in* 12. 1·0

1·8 Bagatelles morales. (par M. Coyer.) *Lond.* 1754.
in 12. *br.* 0·10

0·16 Politique du Medecin, de Machiavel. *in* 12. *br.* 2·1
1·1 Amufemens ferieux & comiques, par du Frefny.
in 12. 0·10

Contes à rire. *Cologne.* 1722. 2. *v. in* 8. *fig.* 4 · 6·12

Recueil de Bons Mots. *in* 12. 0·10   1·1

Réflexions sur les grands Hommes morts en plai- 2·0
   santant. *in* 12. 1·0

Le Secret des Francs-Maçons. *in* 12. *br.* 0·10   0·14

Voyage litteraire en France , en Angleterre & 2·2
   en Hollande. *La Haye* 1736. *in* 12. 1·0

Dissert. historiques sur divers sujets , (par de la 6·15
   Croze.) *Rotterd.* 1707. *in* 12. 0·15

Recueil A & B. 1745. *in* 12. 1·0   2·10

Entretiens d'Histoire , de Litterature, de Reli- 6·0
   gion , & de Critique. *Cologne* 1711. *in* 12. 1·10

Varietez historiques, physiques & litteraires. *Par.* 6·15
   1752. 6. *to. en* 3. *v. in* 12. 4·0

Origine & progrès de Arts & des Sciences , par 1·0
   Noblot. *Par.* 1740. *in* 12. 1·0

Lettre sur le progrès des Sciences , par M. de 1·0
   Maupertuis. 175 , *in* 12. *br.* 0·10

Projet d'une Hist. de Paris sur un plan nouveau, 0·18
   (par M. Coste.) *in* 8. 0·10

N°. 24.

Bible Lat. & Françoise avec des notes , par le 21·11
   Maistre de Saci. *Par.* 1742. 16. *v. in* 12. 16·0

Le N. Testament Lat. François, de la même 5·1
   edition. 5. *v. in* 12. *separément.* 5·0

Le to. 7. de la même Bible, contenant les Livres 1·7
   Sapientiaux. *in* 12. 1·0

N. Testament Lat. François. *Mons.* 1684. 2. *v.* 1·10
   in 12. 1·15·0

N. Testament Lat. François, avec des reflexions. 22·1
   Par. 1702. 8. *v. in* 12. *mar.* 15·0

Justification des Reflexions sur le N. Testament, 0·16
   par M. Bossuet. *in* 12. 0·10

Mouaacah , ou Réfutation des Regles pour l'in- 0·17
   telligence de l'Ecriture. *in* 12. 0·15

Autre Réfutation du même Livre. *in* 12.

1 · 7 Lettres d'un Prieur pour la défense des Regles pour l'intelligence de l'Ecriture. *in* 12. 1 · 0

1 · 0 Traité du Sens litteral & du Sens myftique des SS. Ecritures. *in* 12. 0 · 15

0 · 10 Défenfe des Verfions de l'Ecriture Sainte , des Offices , & des Ouvrages des Peres , (par Arnauld.) *in* 12. 0 · 10

1 · 12 Défenfe de la Traduction du N. T. de Mons , (par le même.) 2. *v.* 12. 1 · 10

5 · 2 Bible Françoife , (trad. par le Gros.) *Cologne* 1739. *in* 12. 3 · 0

1 · 16 Pfeaumes lat. François felon l'Hebreu & la Vulgate. *Par. le Petit* 1679. *in* 12. *mar.* 1 · 10

2 · 0 Paraphrafe fur S. Paul , par un Benedictin. 3. *v. in* 12. 2 · 0

1 · 1 Explication de S. Paul aux Romains, par le Tourneux. *in* 12. 1 · 0

12 · 0 Effais de Morale , par la Placette. *Amft.* 1716. 6. *v. in* 12. 5 · 0

9 · 10 Effais de Montaigne , avec les notes de Cofte. *Lond.* 1745. 7. *v. in* 12. 7 · 0

7 · 14 Kornmannus de Miraculis Vivorum, Mortuorum & Elementorum. *Francof.* 1596. 3. *v. in* 8. 3 ·

Nº. 25.

1 · 5 Exiftence de Dieu , (par M. de Fenelon.) *in* 12. 1 · 0

0 · 10 Pomponatius de immortalitate Animæ. *in* 12. 0 · 10

2 · 18 King de origine Mali. *Bremæ* 1704. *in* 8. 1 · 0

1 · 5 Apologétique de Tertullien , trad. par Vaffoult. *in* 12. 1 · 0

0 · 15 Queftions fur l'Incrédulité. par M. l'Evêque du Puy. *in* 12. *br.* 0 · 15

2 · 10 Differt. fur la perfection du Monde , par Muys. *Leyde* 1750. *in* 12. *br.* 0 · 15

1 · 0 Réfléxions fur les differends de la Religion , par Pelliffon. *in* 12. 1 · 0

Vérité de la Religion, trad. de Grotius. *in* 12.

Essai philosophique sur la Providence. *in* 12.

Tradition de l'Eglise sur le Péché originel, & sur la Réprobation des Enfans morts sans Batême. *in* 12.

Réfléxions importantes pour arriver à la Félicité de la Vie à venir, trad. de l'Anglois. *Rotterd.* 1719. *in* 8.

La Religion du Médecin, trad. de Brown. 1668. *in* 12.

Discours contre le Paganisme du Roi-boit, par Deslyons. *in* 12.

Traité des Indulgences & Jubilés de l'Eglise Catholique. *Avignon* 1751. *in* 12. *br.*

Dissert. pour la défense des deux Maries. *in* 12.

Apologie de Nicole. *Amst.* 1734. *in* 12.

Apologie des Jugemens rendus contre le Schisme. 1752. 2. *v. in* 12.

Autorité du Roi touchant l'âge pour la Profession Religieuse, (par le Vayer de Boutigny.) *in* 12.

La Religion des Moscovites. *Amst.* 1698. *in* 8. *fig.*

Plan theologique du Pythagorisme & du Paganisme, par Mourgues. 3. *v. in* 8.

Usage & fins de la Prophétie, trad. de Sherlock, par le Moine. *Par.* 1754. 2. *v. in* 12. *br.*

La Monogamie, ou l'unité dans le Mariage, par de Premontval. *La Haye* 1751. 3. *v. in* 8. *br.*

Hist. du Christianisme d'Ethiopie & d'Armenie, par la Croze. *La Haye* 1739. *in* 8.

Tableau du Socinianisme. *La Haye* 1690. *in* 12.

Hist. des Anabaptistes. *Amst.* 1699. *in* 12.

Hist. du Kouakerisme. *Cologne* 1692. *in* 12.

Théologie Payenne, par M. de Burigny. *Par.* 1754. 2. *v. in* 12. *br.*

Existence de Dieu & Vérité de la Religion Chrét.

trad. de Clarke, par Ricotier. *Amst.* 1727. 3. v. *in* 8.

15 . 0 Défense de la Religion naturelle & révélée, trad. de l'Anglois de Burnet. *La Haye* 1738. & *suiv.* 6. v. *in* 8.

3 . 7 Vérités de la Religion enseignées par principes, par Blondel. *in* 12.

Dissert. sur les Miracles de l'ancienne Loi par le ministere des Anges, par Arnauld. *in* 12.

2 . 10 Réponse à une objection sur la détermination des événemens par la volonté de Dieu, par la Placette. 1709. *in* 12.

2 . 5 Entretiens de Maxime & de Themiste, ou Réponse de Bayle à Jaquelot & le Clerc. *in* 12.

4 . 6 Les Eaux de Siloë, par du Moulin. *in* 8.

1 . 12 Divinité de l'Ecrit. Sainte, par le Sueur. *in* 8.

1 . 10 Essais de Theologie sur la Providence & la Grace, contre Jurieu. *Francfort* 1687. *in* 12.

2 . 1 Principes de la Religion Chrét. trad. de l'Anglois de M. Wake. *Amst.* 1719. *in* 12.

1 . 1 Doctrine du Concile de Trente, trad. de Bellarin, par Coulon. 2. v. *in* 12.

1 . 2 Dissert. sur le Culte des SS. inconnus, trad. de Mabillon, par le Roy. *in* 12.

1 . 0 Hist. du Droit Romain, par de Ferriere. *in* 12.

N°. 26.

7 . 19 De la fréquente Communion, avec la Tradition de l'Eglise, par Arnauld. *Par.* 1643. & 1645. 2. v. *in* 4.

9 . 19 Bible Françoise, par le Maîstre de Saci. *Par.* 1701. 2. v. *in* 4.

9 . 1 Hist. de la Bible, par de Royaumont (Fontaine.) *Par.* 1696. *in* 4. *fig.*

Hist. critique du V. & du N. Testament, par R. Simon. 6. v. *in* 4.

16 . 10 Sentimens des Théologiens de Hollande sur l'Hist.

critique précédente, avec la Défense, (par
le Clerc.) 2. v. in 8.

Differtations de D. Calmet fur l'Ecriture Sainte,
3. v. in 4.

Explicat. de S. Auguftin fur le N. Teftament,
trad. du Latin. Par. 1682. 2. to. en 1. v. in 4.

Traité de la Morale des Peres, par Barbeyrac.
Amft. 1728. in 4.

Du Perron de l'Invocation des Saints, & des Sa-
tisfactions. in 4.

Hift. critique des Dogmes & des Cultes de l'E-
glife, par Jurieu; avec le Suplément. Amft.
1704. in 4.

Vie de D. Barthelemy des Martyrs. Par. le Petit
1664. in 4. mar.

Oeuvres de Phyfique & Mechanique de C. & P.
Perrault. Amft. 1727. 2. v. in 4. fig.

Oeuvres de Mariotte. Leyde 1717. 2. v. in 4.
fig.

Conjectures Phyfiques, par Hartfoeker. Amft.
1706. 2. v. in 4.

Diction. Mathematique, par Ozanam. Par. 1691.
in 4 fig.

Defcriptions de plufieurs Microfcopes, par Jo-
blot. Par. 1718. in 4. fig.

Pharmacopée de Lemery. Par. 1738. in 4.

Diction. des Drogues, par le même. Par. 1733.
in 4. fig.

Parfait Marêchal de Solleyfel. Par. 1723. in 4.
fig.

Origine & progrès de l'Imprimerie, (par Mar-
chand.) La Haye 1740. in 4.

Origine de l'Imprimerie de Paris, par Chevillier.
Par. 1694. in 4.

Diction. François-Latin de Danet, Par. 1700.
in 4.

5 - 0 Quintilien de l'inftitution de l'Orateur, trad. par Gedoyn. *Par.* 1718. *iu* 4. 4 - 0

No. 27.

42 - 1 Voyage au Levant, par Pitton de Tournefort. *Par. Imp. R.* 1717. 2. *v. in* 4. *fig.* 24 - 0

7 - 7 Voyages de Tavernier. *Par.* 1676. 3. *v. in* 4. *fig.* 6 - 0

18 - 5 Voyages de Chardin. *Amft.* 1711. 3. *v. in* 4. *fig.* 15 - 0

27 - 1 Voyages de Corneille le Bruyn. *Par.* 1725. 5. *v. in* 4. *fig.* 15 - 0

6 - 2 Voyage de Conftantinople, par Grelot. *in* 4. *fig.* 3

2 - 0 Les Beautés de la Perfe, (par Deslandes.) *in* 4. *fig.* 2 - 0

7 - 1 Hift. des Indes Orientales, par Souchu de Rennefort. *in* 4. 4 - 0

6 - 1 Voyages & Conquêtes des Caftillans dans les Indes Occidentales, trad. d'Herrera par de la Cofte. 3. *v. in* 4. 6 - 0

29 - 10 Mœurs des Sauvages Ameriquains, par Lafiteau. 2. *v. in* 4. *fig.* 15 - 0

10 - 18 L'Afrique de Marmol, trad. par d'Ablancourt. 3. *v. in* 4. *avec des Cartes.* 6 - 0

14 - 0 Réfléxions fur les anciens Peuples, par Fourmont. *Par.* 1747. 2. *v. in* 4. 10 - 0

52 - 0 Méthode pour étudier l'Hiftoire, avec le Suplément, par Lenglet. *Par.* 1729. & 1741. 6. *v. in* 4. *GP. avec des Cartes.* 30 - 0

122 - 10 Hift. Univerfelle, trad. de l'Anglois d'une Société de Gens de Lettres. *Amft.* 1742. & *fuiv.* 14. *v. in* 4. 80 - 0

15 - 1 Mémoires de M. du Guay-Trouin. 1740. *in* 4. *fig. GP.* 10 - 0

No. 28.

6 - 10 Ouvres de S. Cyprien, trad. par Lombert. *Par.* 1672. *in* 4. *mar.* 3 - 0

Concor-

Concordantiæ Bibliorum. *Colon. Egmond* 1684.
in 8.

Rituale Parisiense D. de Noailles. *Par.* 1697. *in*
4. *mar.*

Le Soudier Cursus Theologicus. *Par.* 1724. *in*
4.

Abregé de la Théologie, (par le Tourneux.) *Par.*
1693. *in* 4.

Catechisme de Montpellier. *Par.* 1710. *in* 4.

Exposition de la Doctrine Chrét. par Bougeant.
Par. 1741. *in* 4.

Les deux Instructions pastorales de M. de Noail-
les sur la Constitution. 2. *v. in* 4.

Explicat. sur la Bulle. *in* 4. *br.*

Principes sur les principaux Devoirs de la Vie
Chrét. *MS. in* 4.

Le Vassor de la véritable Religion. *in* 4.

Existence de Dieu, par les merveilles de la Na-
ture, trad. de Nieuwentyt par Noguez. *Par.*
1725. *in* 4. *fig.*

Existence de Dieu, par Jaquelot. *La Haye* 1697.
in 4.

Religion Chrét. prouvée par les Propheties, par
Baltus. *in* 4.

Conférences Ecclésiastiques, par du Guet. *Colo-
gne* 1742. 2. *v. in* 4.

Institution de la Religion Chrét. par Calvin. 1562.
in 4.

Théologie Chrét. de Pictet. *Geneve* 1708. 2. *v.*
in 4.

Catechesis Ecclesiarum Polonicarum. *Stauropoli*
1680. *in* 4.

Polygamia triumphatrix. *Londini Scanorum* 1682.
Alethei (Lyseri.) *in* 4.

L'Etude des Conciles, (par Salmon.) *Par.* 1724.
in 4.

Richerii Opera. 5. v. in 4.

Calixtus de Conjugio Clericorum. in 4.

Cæremoniale Parisiense D. de Noailles. in 8.

Ceremonies de l'Eglise, par de Vert. 4. v. in 8. fig.

Ceremonies de la Messe, par le Brun. 4. v. in 8. fig.

Vérité de la Religion Chrét. trad. du Latin de Turrettin. Geneve 1730. & suiv. 3. v. in 8.

Etat du Christianisme en France, par Saurin. La Haye 1725. in 8.

Differt. sur le Messie, par Jaquelot. La Haye 1699. in 8.

Notes sur le Concile de Trente, par Rassicod. in 8.

Nº. 29.

Oeuvres de Boileau, avec les Eclaircissemens de Brossette. Geneve 1716. 2. v. in 4.

Vanierii Dictionarium Poëticum. Lugd. 1710. in 4.

N. Testament, trad. avec des remarques, par J. le Clerc. Amst. 1703. 2. to. en 1. v. in 4.

N. Testament, trad. avec des notes, par de Beausobre & Lenfant. Amst. 1741. 2. v. in 4.

Remarques historiques & critiques sur le N. Testament, par de Beausobre. La Haye 1742. 2. v. in 4.

Recueil de Memoires, Factums & Harangues de Louis de Sacy. 2. v. in 4.

Hist. de la Laponie, trad. de Scheffer par Lubin. Par. 1678. in 4. fig.

Système de Religion purement naturelle, contre les autres Religions, & Objections contre le Christianisme. MS. 3. v. in 4.

Traités des Conciles, tirés du Latin de Mathias Ugonius & de Jacobatius. MS. 1737. in 4.

Traités du Droit de la Guerre & de la Paix, & du *2·10*
   Droit de la Nature & des Gens, tirés du Latin
   de Grotius & de Pufendorf. *MS.* 1737. *in* 4.
Metaphyfique. *MS. in* 4. *1·10* } *2·2*
Hift. Poëtique. *MS. in* 4.
Extraits des Scénes du Théatre Italien. *MS.* 2.
   v. in 4.
Tours amufans de Cartes, de Gobelets, & au- *12·0*
   tres. *MS. in* 4. *2·0*
N. Teftament, trad. avec des remarques, par R. *1·10*
   Simon. 2. *v. in* 8. *2·0*
Prolegomenes de Walton, trad. par le P. Emery. *1·10*
   in 8. *1·10*
Théologie des Infectes, trad. de Leffer par Lyon- *5·0*
   net. *La Haye* 1742. 2. *v. in* 8. *3·0*
Cas de Confcience, par de Sainte-Breuve. *Par.* *9·0*
   1715. 3. *v. in* 8. *6·0*
L'Anti-Machiavel. *La Haye* 1741. *in* 8. *2·10* *3·0*
Effai fur la Marine & le Commerce. 1743. *in* 8. *2·0*
   br. *1·10*
Lettre fur le Luxe. 1745. *in* 8. *br.* *0·10* *0·10*
Elemens d'Anatomie raifonnée. *Par.* 1749. *in* 8. *1·16*
   fig. *1·10*
Boudot Dictionarium Latino - Gallicum. *Par.* *3·19*
   1708. *in* 8. *2·0*
Diction. Geographique, par M. Vofgien. *Par.* *2·2*
   1747. *in* 8. *2·0*
Diction. Hiftorique, par M. Ladvocat. *Par.* 1755. *8·2*
   2. *v. in* 8. *6·0*
Catalogue des Archevêchez, Evêchez, Abbayes *1·11*
   & Prieurés de Nomination Royale. *Par.* 1734.
   in 8. *1·10*

N_o. 30.

Education de la Nobleffe, par le Chevalier de.... *4·2*
   Par. 1748. 2. *v. in* 12. *2·0*
Principes naturels de l'Education, par M. Morel- *1·5*

E ij

ly. *Par.* 1743. *in* 12.

1. 6 Education des Filles, par M. de Fenelon. *in* 12.

1. 5 Parnaffe réformé, par Guéret. *in* 12.

1. 5 Guerre des Auteurs, par le même. *in* 12.
Effai fur la Critique, trad. de Pope, (par M. de
Silhouette.) *in* 12.

1. 0 Poëtique Françoife à l'ufage des Dames. *Par.*
1749. 2. *v. in* 12.

0. 18 Genie de la Langue Françoife. *in* 12.

2. 7 Synonnymes François, par Girard. *Par.* 1736.
in 12.

1. 4 Effai fur l'étude des Belles-Lettres. *Par.* 1747.
in 8.

3. 10 Explicat. des Fables, par Banier. 3. *v. in* 12.

1. 7 Les Beaux-Arts réduits à un même principe, (par
M. Bateux.) *Par* 1746. *in* 12.

1. 7 Entretiens d'Arifte & d'Eugene, par Bouhours.
Par. 1721. *in* 12.

1. 10 Réfléxions fur la Poëfie, par M. Remond de Saint-
Mard. *La Haye* 1734. *in* 8.

1. 7 Ver-Vert, & autres Poëfies de M. Greffet ; & au-
tres Piéces. *in* 12.

1. 6 Effais de Litterature & de Morale, par l'Abbé
Trublet. *in* 12.
Difcours fur les Anciens, (par de Longepierre.)
in 12.

2. 0 Parallele des Anciens & des Modernes, par Per-
rault. 4. *v. in* 12.

2. 0 Le Temple du Gouft ; Poëme fur la Grace ; &
Reception de Mathanafius.. *in* 8.

1. 10 Manuel Philofophique, ou Précis des Sciences.
Lille 1748. 2. *v. in* 12. *br.*

1. 1 Réfléxions de Rapin fur la Poëtique d'Ariftote,
in 12.
Comparaifon de Demofthene & de Ciçeron, par
le même. *in* 12.

Réfléxions sur la Poësie & la Peinture, (par du Bos.) 3. v. in 12.

Hist. de la Poësie Françoise, par Massieu. in 12.

Réfléxions sur la Critique, par de la Motte. in 8.

Diction. de Rimes, par Richelet. Par. 1721. in 8.

Diction. Néologique, par des Fontaines. Amst. 1728. in 12.

Diction. Philosophique, ou Introd. à la connois-sance de l'Homme. Lond. 1751. in 8.

Diction. des Beaux-Arts, (par M. Lacombe.) Par. 1752. in 8.

Diction. des Proverbes François. Bruxel. 1710. in 8.

Diction. des termes d'Architecture, par M. Gastelier. Par. 1753. in 12. br.

Diction. de la Fable, par M. Chompré. in 12.

Rhetorique de Ciceron, trad. (par Cassandre.) in 12.

L'Oratenr de Ciceron, trad. par Colin. in 12.

Philippiques de Demosthene & Catilinaires de Ciceron, trad. par l'Abbé d'Olivet. in 12.

Cicéron des Orateurs illustres, trad. par de Villefore. in 12.

Ciceron des Offices, de la Vieillesse, de l'Amitié, & Paradoxes, trad. par du Bois. 2. v. in 12.

Ciceron des Loix, trad. par M. Morabin. in 12.

Tusculanes de Ciceron, trad. par MM. Bouhier & d'Olivet. 3. v. in 12.

Lettres de Ciceron à Atticus, trad. par Mongault. 6. v. in 12.

Pensées de Ciceron, trad. par l'Abbé d'Olivet. in 12.

Hist. de l'Exil de Ciceron, par M. Morabin. in 12.

12-0 Platon, trad. par Dacier. 2. *v. in* 12. 5.0

0-10 Comparaison de Platon & d'Ariſtote. par Rapin.
    in 12. 0·10

4-17 Diogéne Laërce de la Vie des Philoſophes, trad.
    (par G. Boileau.) 2. *v. in* 12. 3·0

3-12 Lucien, trad. par d'Ablancourt. 3. *v. in* 12. 3-0

2-10 Oeuvres de Voiture. *in* 12. 1·10

1-12 Oeuvres de Saraſin. *in* 12. 1·0

2-0 Oeuvres de Pavillon. *Par.* 1720. *in* 8. 1·10

5-2 Oeuvres de l'Abbé de Saint-Réal. *Par.* 1724. 4.
    v. in 12. 4·0

2-4 Oeuvres du Chevalier de Méré. *Amſt.* 1692. 2.
    to. en 1. *v. in* 12. 1·10

5-17 Oeuvres de Rapin. *La Haye* 1725. 6. *v. in* 12. 6

4-0 Oeuvres de Saint-Evremond. 5. *v. in* 12. 4·0

5-10 Oeuvres de Tourreil. *Par.* 1721. 4. *v. in* 12. 6·0

7-17 Traité de l'Opinion, par M. le Gendre de Saint-
    Aubin. 6. *v. in* 12. 5·0

2-5 De l'incertitude des Sciences, trad. de l'Anglois.
    in 12. 1·10

2-10 Traité du Beau, par de Crouſaz. *Amſt.* 1724.
    2. *v. in* 12. 1·10

0-0 Eſſai ſur le Beau, (par le P. André.) *in* 12. 1·10

1-5 Eſſais ſur les Moyens de plaire, par M. Demoncrif.
    in 12. 1·0

2-8 Les Malheurs de l'Amour. *Amſt.* 1747. 2. *v. in*
    12. 1·10

1-4 Pluralité des Mondes, par M. de Fontenelle. *in*
    12. 1·0

1-15 Pluralité des Mondes, trad. du Lat. de Huygens.
    in 12. 1·0

1-10 Dialog. des Morts, par M. de Fontenelle. *in* 12. 1

1-11 Panegyrique de Trajan, trad. de Pline, par de
    Sacy. *in* 12. 1·0

1-10 Traité de la Gloire, par le même. *in* 12. 1-0

Traité de l'Amitié, par le même. *in* 12. *1-0* 1·10

Avis d'une Mere (Mad. de Lambert) à fon fils
 & à fa fille. *in* 12. *1-0* 2·12

Oeuvres de Mad. de Lambert. *in* 12.

Confeils de l'Amitié. (par l'Abbé Pernetti.) *in*
 12. *0-15*

Mœurs & Ufages des Grecs, par M. Menard. *in*
 12. *1-10*

Mœurs & Ufages des Romains. *in* 12. *1-10* 2·0

Science des Perfonnes de Cour, d'Epée & de
 Robe, par de Chévigny, *Amft.* 1729. 4. *v.*
 in 12. *avec des Cartes.* *5-0*

Réfléxions morales de Marc-Antonin, trad. par 2·0
 M. & Mad. Dacier. *Amft.* 1714. *in* 12. *1-10*

Caracteres de Theophrafte, par de la Bruyere. 4·15
 Par. 1733. 2. *v. in* 12. *3-0*

Le Spectateur, trad. de l'Anglois ; avec le Suplé- 11·1
 ment. *Amft.* 1732. 7. *v. in* 12. *3-0*

Le Spectateur François, par M. de Marivaux. 2·10
 L'Indigent philofophe, ou l'Homme fans fouci.
 in 12. *1-10*

N°. 31.

Délices de la Hollande. *Amft.* 1685. 2. *v. in* 12.
 fig. *1-0* 3·12

Hift. critique des Perfonnes les plus remarqua-
 bles de tous les fiécles. 2. *v. in* 12. *1-10*

Invafion de l'Efpagne par les Maures, (par Bau- 1·10
 dot de Juilly.) 2. *v. in* 12. *1-10*

Eloge de M. le Clerc Graveur du Roi, par de 0·10
 Vallemont. *in* 12. *br.* *0-10*

La Maifon réglée, par Audiger. *in* 12.
 Les Dons de Comus, ou les Délices de la Table. 1·10
 Par. 1739. *in* 12. *br.* *1-0*

3·0 Le Cuifinier royal & bourgeois. 3. *v. in* 12. *fig.* 6·10
 Inftruction pour les Confitures, Liqueurs & Fruits. 1·9
 in 12. *1-0*

1. 2 Selectæ Historiæ è profanis Scriptoribus. *in* 12.

4. 0 Hist. critique des Journaux, par Camusat. *Amst.* 1734. *in* 12. 2. 0

4. 2 Oeuvres diverses de Gedoyn. *Par.* 1745. *in* 12.

0. 18 Reflexions sur les Voyages de Cyrus. *in* 8. 0. 10

25. 12 Hist. de l'Academie des Sciences, & Eloges des Académiciens, par M. de Fontenelle. 3. *v. in* 12. 4. 0

2. 2 Voyages de Gulliver, trad. de *Swift*, par des Fontaines. 2. *v. in* 12. 2. 0

1. 2 Lettres galantes & philosophiques de Melle de .... *in* 12. 1. 0

2. 10 Longueruana. *Berlin* 1754. 2. *v. in* 12. 2

1. 1 { Avis d'un Pere à son Fils. *Amst.* 1751. *in* 8. *br.* { Conseils à une Amie, par Mad. de P..... 1749. *in* 8. *br.* 1. 0

0. 12 Critique des Lettres philosophiques de M. de V.... *in* 12. 0. 10

4. 2 Varietés, ou divers Ecrits, [par M. de Saint-Hyacinthe.] *in* 12. 2. 0

7. 19 Bibliotheque critique, par de Sainjore [R. Simon.] 4. *v. in* 12. 5. 0

2. 10 Recueil de Chansons notées, & de Cantates. *La Haye* 1726. 5. *v. in* 12. 5. 0

2. 17 Etudes convenables aux Demoiselles. *Lille* 1749. 2. *v. in* 12. 2. 0

2. 14 Recueil de Pieces choisies en prose & en vers. *La Haye* 1714. 2. *v. in* 8. 2. 0

1. 11 Jugement critique sur les Vies de l'Abbé de la Trappe, [par Gervaise.] *in* 12. 1. 0

4. 0 Essai sur les Hieroglyphes des Egyptiens, trad. de Warburthon, [par M. des Malpeines.] *Par.* 1744. 2. *v. in* 12. *fig.* 2. 0

1. 10 Maximes politiques de Paul III. au sujet du Concile de Trente. *La Haye* 1716. *in* 12. 1. 10

0. 17 L'Art de negotier, par M. Pecquet. *in* 8. 0. 12

Avantages

Avantages & defavantage de la France & de la
G. Bretagne, par rapport au Commerce, [par
M. de Dangeul.] 1754. *in* 12. *br.*

Effais hiftoriques fur Paris , par M. de Saintfoix.
in 12. *br.*

Eloge hiftoriq. du Parlement , trad du Latin du
P. de la Baune , avec des notes. 1753. *in* 12. *br.*

Effai fur l'Architecture, [par le P. Laugier.] *Par.*
1753. *in* 8. *br.*

L'Ombre du Grand Colbert. 1749. *in* 12. *br.*

Inftitutions Militaires de Vegece , trad. *Par.*
1743. *in* 12.

Lettres fur le pouvoir de l'imaginàtion des Fem-
mes enceintes ; [par M. Bellet.] *in* 12.

Traduct. de quelques Ouvrages de Tacite , par
M. de la Bleterie. *Par.* 1755. 2. *v. in* 12.

Athenes ancienne & nouvelle , par de la Guille-
tiere. *in* 12.

Lacedemone ancienne & nouvelle , par le même.
2. *v. in* 12.

Rome ancienne & moderne , par Defeine. *Leyde*
1713. 10. *v. in* 12. *fig.*

Suite du N°. 31.

Rhetorique Françoife à l'ufage des Demoifelles.
Par. 1746. *in* 12.

Hift. Poëtique , par Gautruche. *in* 12.

Hift. Poëtique à l'ufage de Mefdames , par M.
Hardion. *Par.* 1751. 3. *to. en* 2. *v. in* 12.

Remarques fur Virgile & fur Homere ; par Fay-
dit. 2. *v. in* 12.

Chef d'Oeuvre d'un Inconnu , avec les remar-
ques de Mathanafius. *in* 12.

Mêlange de Saillies d'efprit & de Traits hiftori-
ques , par le Sage. *in* 12. *br.*

L'Abeille du Parnaffe , tirée des meilleurs Poë-
tes François modernes. 1752. 2. *v. in* 12. *br.*

5. 0 Poësies du Roi de Navarre, par M. de la Rava-
liere. *Par.* 1742. 2. *v. in* 8. 4. 0

1. 12 Fables de la Fontaine. *Par.* 1715. *in* 12. 1. 10

7. 4 Lettres de Rousseau. *Geneve* 1750. 5. *v. in* 12. 5

0. 15 Memoire de Boindin, pour la justification de
Rousseau. *in* 12. *br.* 0. 12

3. 0 Lettres d'un François, [l'Abbé le Blanc.] *La*
Haye 1745. 3. *v. in* 12. 3. 0

2. 10 Lettres du Comte de Tessin au Prince de Sue-
de, trad. *Amst.* 1755. *in* 8. *br.* 1. 10

0. 12 Hexameron rustique, par de la Mothe le Vayer.
in 12. 1. 0

1. 16 Sentimens de Cleante sur les Entretiens d'Ariste
& d'Eugene, par Barbier d'Aucour. *in* 12. 1. 0

3. 16 Usage & Bibliotheque des Romans, (par Len-
glet.) 2. *v. in* 12. 3. 0

3. 10 Dialogues des Morts. par M. de Fenelon. 2. *v.*
in 12. 3. 0

2. 0 Vie du Chancelier Bacon, trad. de l'Anglois.
Amst. 1755. *in* 12. *br.* 1. 0

1. 11 Abregé de l'Hist. Universelle, par de la Croze.
Gotha 1755. *in* 8. *br.* 1. 0

4. 10 Abregé de l'Hist. du Concile de Trente, par
Jurieu. *Amst.* 1683. 2. *v. in* 12. *mar.* 3. 0

2. 1 L'Esprit de Gerson. *in* 12. 1. 10

0. 15 Apologie pour M. de la Rochepozay Evêque de
Poitiers. 1615. *in* 8. 0. 10

2. 10 Testament politique de Richelieu. 2. *v. in* 12. 2

4. 1 Hist. de la Pucelle d'Orleans, par Lenglet. 3.
to. en 2. *v. in* 12. 3. 0

3. 10 Discours merveilleux de la Vie de Catherine de
Medicis. *in* 12. 1. 0
Vie d'Abeilard & d'Heloïse, (par Gervaise.) 2.
v. in 12. 1. 0

2. 8 Voyage Pittoresque des environs de Paris, (par
M. Dezallier d'Argenville.) *Par.* 1755. *in* 12.
1. 10

Chronologie hiſtorique des Curez de S. Benoiſt. *o*·*17*
in 12. *br.* *o*·*12*

Abregé de l'Hiſt. de Port-Royal, par Racine. *1*·*12*
in 12. *br.* *1*·*0*

Vie de Marlborough , & du Prince Eugene. *in* *1*·*11*
12. *1*·*o*

Inſtitutions Pirroniennes de Sextus Empiricus, *2*·*2*
trad. avec des notes. *Holl.* 1725. *in* 12. *1*·*10*

Traité contre l'indifference des Religions. *Amſt.* *2*·*o*
1692. *in* 12. *1*·*10*

2·*o* Hiſt. naturelle de l'Iſlande , du Groenland , &c. *6*·*o*
trad. d'Anderſon. *Par.* 1750. 2. *v.* *in* 12. *fig.*

Catalogues de Coquilles & autres Curioſités na- *2*·*19*
turelles , par Gerſaint , & autres Pieces cu-
rieuſes. *in* 12. *br.* *1*·*10*

4·*o* Diſſert. ſur les Maladies Veneriennes , ſur la *1*·*10*
Rage , & ſur la Phtiſie , par Default. *in* 12.

Apitius de Re Culinaria ; Platina de Popinæ *1*·*12*
ſcientia , & Ægineta de Alimentis. *Lugd. Gry-*
phius 1541. *in* 8. *1*·*o*

Manuel des Dames de Charité , ou Formules *2*·*o*
de Medicamens. *Orleans* 1747. *in* 12. *1*·*o*

Comptes faits de Barréme. *in* 12. *1*·*10* *2*·*10*

Cauſes de la grandeur & décadence des Romains, *2*·*10*
(par M. de Monteſquieu.) *Amſt.* 1734. *in*
8. *1*·*10*

Conſiderations ſur les revolutions des Arts, par *1*·*5*
M. de Mehegan. *Par.* 1755. *in* 12. *1*·*o*

Six vol. reſtans , de peu de valeur. *in* 12. *1*·*10* *2*·*1*

N°. 32.

Morale Chretienne , ou l'art de bien vivre , par *8*·*1*
Pictet. *Geneve* 1709. 8. *v.* *in* 12. *8*·*o*

Morale Chretienne reduite à trois principaux *1*·*10*
devoirs , par la Placette. *Amſt.* 1695. *in* 12.

Traité de l'Aumône , par le même. *Amſt.* 1709. *1*·*11*
in 12. *1*·*10*

Traité de la Restitution , par le même. *Amst.* 1696. *in* 12.

Traité du Serment , par le même. *La Haye* 1701. *in* 12.

Mort des Justes , ou la maniere de bien mourir, par le même. *Amst.* 1714. 2. *v. in* 8.

Conferences de Luçon. *Par.* 20. *v. in* 12.

Conferences de Paris , sur le Mariage. *Par.* 1728. 5. *v. in* 12.

Essais de Morale , & Instructions , de Nicole. *Par.* 1693. & *suiv.* 16. *v. in* 12.

Lettres de Nicole. *Lille* 1718. 2. *v. in* 12.

Traité de la Priere , par le même. 2. *to. en* 1. *v. in* 12.

Traité de Morale , par Malebranche. *Rotterd.* 1684. *in* 12.

Essais de Morale & de Politique. *Lyon* 1687. *in* 12.

Traité des Usures. 1690. *in* 8.

Théologie Morale de Grenoble. *Par.* 1715. 8. *v. in* 12.

Conferences de Perigueux. 5. *v. in* 12.

Conferences de la Rochelle. *in* 12.

Conferences d'Agde. 2. *v. in* 12.

Lettres Provinciales. *Cologne* 1685. *in* 12.

Entretiens de Cleandre & d'Eudoxe , ou Réponses aux Provinciales. *in* 12.

Conversations Chrétiennes , par Malebranche. *in* 12.

Explication du Symbole , de l'Oraison Dominicale , & du Decalogue , (par M. de Barcos.) *Anvers* 2. *v. in* 12.

Morale du N. Testament. *Par.* 1679. & 1687. 3. *v. in* 12.

Reglemens de Catechisme , pour les Ecclesiastiques de S. Magloire. *in* 12.

Mœurs des Chretiens , par Fleury. *in* 12.

Suite du N°. 32.

De la Vocation à l'Etat Ecclesiastique ; par de Villethiery. *in* 12.   1 0   1 5

Vie des Clercs, Evêques, &c. par le même. 2. *v. in* 12.   2 0   1 10

1 0 Vie des Religieux & Religieuses, par le même. *in* 12.   1 5

Vie des Veuves, par le même. *in* 12.   1 10   } 2 4

Vie des Riches & des Pauvres, par le même. *in* 12.)

Devoirs des Maîtres & des Domestiques, par Fleury. *in* 12.   1 0   1 0

Traité des Jeux & des Divertissemens ; par Thiers. *in* 12.   1 10   2 12

Traité du Jeu, par Barbeyrac. *Amst.* 1709. 2. to. en 1. *v. in* 8.   2 10   4 8

Discours sur la Comedie, par le Brun ; & Reflexions sur la Comedie, par M. Bossuet. *in* 12.   1 0   1 11

Traité contre l'Impureté, par Ostervald. *Amst.* 1707. *in* 8.   2 0   5 0

Consultations Canoniques sur les Sacremens, par Gibert. 12. *v. in* 12.   12 0   12 0

Traité des Annates. *in* 12.   1 0   1 7

Regle de S. Benoist, trad. par M. de Rancé Abbé de la Trappe. *in* 12.   1 0   1 12

Exercices de piété sur la Regle de S. Benoît. *in* 12.   0 10

Meditations sur la Regle de S. Benoist. *in* 12.   1 0   1 10

4 10 Devoirs de la Vie Monastique, avec les Eclaircissemens, par l'Abbé de la Trappe. 3. *v. in* 12.   8 19

Traité des Etudes Monastiques, par Mabillon. 2. *v. in* 12.   3 0   2 10

Réplique de Mabillon à l'Abbé de la Trappe, sur les Etudes Monastiques. 2. *v. in* 12.   1 10   4 0

Essais de Montaigne. *Par.* 1669. 3. *v. in* 12.   3 0   8 0

Verité de la Religion Chrét. par Abbadie. 2. *v. in* 12.   3 0   2 15

L'Amour Penitent, trad. de l'Evêque de Castorie. 3. *v. in* 12.   3 0   2 0

2.2 La Religion Chretienne éclairée par le Dogme & par la Prophétie. *Par.* 1744. 3. *v. in* 12. 2.10

4.12 Traité de la Religion naturelle, par Martin. *Amst.* 1713. *in* 8. 1.0

14.19 Traité de la veritable Religion, (par l'Abbé de la Chambre.) 5. *v. in* 12. 8.0

1.5 Reflexions chrétiennes sur divers sujets, par la Placette. *Amst.* 1707. *in* 12. 1.5

1.1 Verité evidente de la Religion Chret. *in* 12. 0.15

1.10 L'Incredule amené à la Religion par la Raison, par Lamy Benedictin. *in* 12. 1.0

2.12 Examen de la Theologie de Bayle. *Amst.* 1706. *in* 12. 1.10

2.19 Necessité de la Foi en J. C. (par Arnauld.) 2. *v. in* 12. 2.0

1.15 Traité de la Verité. *Utrecht* 1731. *in* 12. 1.5

1.1 Verité de la Religion Chretienne, trad. de l'Italien du Marquis de Pianesse, par Bouhours. *in* 12. 1.0

2.2 { L'usage de la Raison sur les objets de la Foi, par Brueys. *in* 12. 0.10
{ Holden Analysis Fidei. *in* 12. 1.10

0.12 Demonstration de la Morale Chret. par Bernard Lamy. *in* 12. 1.0

1.17 Pensées de Pascal. *Par.* 1715. *in* 12. 1.10

4.0 Essais de Theodicée sur la bonté de Dieu, la liberté de l'Homme, & l'origine du Mal, par Leibnitz. 2. *v. in* 12. 2.0

2.0 Traité du Secret de la Confession, par Lenglet. *in* 12. 1.0

2.1 Réponse aux Objections de Bayle, sur l'origine du Mal, & sur la Trinité, par la Placette. *Amst.* 1707. *in* 12. 1.0

10.15 Derodon Disputatio de Supposito. *Francof.* 1655. *in* 8. 4.0

2.10 Crellius de Spiritu Sancto. 1650. *in* 8. 2.0

0.14 Liturgie Anglicane, trad. *Lond.* 1729. *in* 12. 0.12

Concilium Tridentinum. *Antverp.* 1640. *in* 12. *1·18*

Principes de la Foi Chret. (par du Guet.) 3. *v. in* 12. *2·12*   4·0

Introd. à l'Ecriture Sainte, trad. du Latin de Lamy. *in* 12. *0·15*   1·4

Justificat. de la Femme pecheresse, par le Masson. *in* 12. *0·10*   0·14

Traité de la venue d'Elie, de la fin du Monde, & du retour des Juifs. *Rotterd.* 1737. 3. *v. in* 12.   2·0   4·10

La Lettre à Nicole défendue par deux Dissert. au sujet des Figuristes. *in* 12. *1·0* double   0·16   0·16

Traité du dogme de la Probabilité, trad. du Latin. 1731. *in* 8. *0·15*   0·15

L'Unité & l'Autorité de l'Eglise, par Basnage; avec une Réponse. *in* 12. *1·0*   1·16

Hist. des disputes sur la Grace & la Prédestination. *Cologne* 1680. *in* 12. *0·10*   0·12

Traité de la Pasque, par Lamy. 2. *v. in* 12. *1·10*   1·18

Thiers de Stola Archidiaconorum. *in* 12. *1·0*   2·8

Thiers des Perruques des Ecclesiastiques. *in* 12.   2·12

Thiers l'Avocat des Pauvres. *in* 12. *1·10*   2·8

Thiers des Autels & des Jubés. *in* 12. *1·10*   2·1

Thiers de la clôture des Religieuses. *in* 12. *1·10*   2·4

Thiers de l'Exposition du S. Sacrement. *in* 12. *1·1*   1·17

Thiers de la dépoüille des Curés. *in* 12. *1·5*   2·5

Thiers des Cloches, & de l'Offrande aux Messes des Morts. *in* 12. *1·0*   2·11

Thiers sur la sainte Larme de Vendôme. *in* 12.

Factum de Thiers contre le Chapitre de Chartres. *in* 12. *1·10*   2·1

Suite du N°. 33.

Exposition de la Doctrine Chret. (par M. Mesenguy.) 6. *v. in* 12. G. P. *8·0*   12·12

Traités du Libre-Arbitre & de la Concupiscence, par M. Bossuet. *in* 12. *1·4*   1·12

Défense de la Traduction de l'Hist. du Concile de Trente, par le Courayer. *Amst.* 1742. *in* 12.

Dissert. sur la validité des Ordinations Anglicanes, par le même. 2. *v. in* 12.

Défenses des Ordinations Anglicanes, par le même. 4. *v. in* 12.

Nullité des Ordinations anglicanes, par le Quien. 2. *v. in* 12.

Relation apologetique des sentimens & de la conduite du P. le Courayer. 2. *v. in* 12.

Nullité des Ordinations Anglicanes, contre la défense du P. le Courayer, par le Quien. 2. *v. in* 12.

Suplément à la Défense du P. le Courayer, pour Réponse au P. le Quien. *in* 12.

Juenin Compendium Theologiæ. *in* 12.

Exposition de la Doctrine Catholique. *Utrecht* 1745. 2. *v. in* 12. *br.*

Introd. à la Theologie. *in* 12. *br.*

Le Concile de Trente, trad. par Chanut. *in* 12.

Catéchisme du Concile de Trente, trad. (par Varet.) *in* 12.

Traité de l'Eglise de J. C. 1743. 6. *v. in* 12.

Theorie & Pratique des Sacremens, des Censures, des Monitoires, & des Irregularitez. *Par.* 1713. 3. *v. in* 12.

Dissert. sur les Exorcismes du Baptême, sur l'Eucharistie, & sur l'Usure, (par du Guet.) *in* 12.

Instruction pastorale de M. de Fenelon, contre le Jansenisme. *Par.* 1715. *in* 8.

La réalité du Jansenisme démontrée. 1740. *in* 12.

Methode pour étudier la Theologie. *in* 12.

Le Directeur d'un jeune Theologien. *Par.* 1723. *in* 12.

Denonciations du Péché philosophique. *in* 12.

Veritables

Veritables Sentimens des Jesuites touchant le Péché philosophique. *in* 12. *0 -12*   1 · 1

Préfervatif contre le changement de Religion. *in* 12. *1 · 0*   4 · 0

Exiſtence & Sageſſe de Dieu, trad. de l'Anglois de Ray. *Utrecht* 1714. *in* 8. *1 · 10*   7 · 1

Hiſt. des Pratiques fuperſtitieuſes, par le Brun. 3. *v. in* 12. *4 · 0*   5 · 10

Hiſt. dogmatique du Jeune, par de l'Iſle. *in* 12. *1 · 10*

Maximes des Saints fur la Vie interieure, par M. de Fenelon. *in* 12. *1 · 0*   2 · 1

Ceremonies & Coutumes des Juifs, trad. de Leon de Modene, par de Simonville (R. Simon.) *in* 12. *1 · 0*   1 · 14

Rellgion des Moſcovites. *Cologne* 1698. *in* 8. *fig.*   5 · 2

Differt. fur les Lotteries. 1742. *in* 12. *1 · 0*   1 · 5

Réponſe à l'Hiſt. des Oracles, par Baltus. 2. *v.* *in* 8. *2 · 0*   4 · 2

Beza de Polygamia & de Divortiis. *in* 8. *1 · 5*   2 · 2

Droits de la Conſcience & du Prince en matiere de Religion, contre le Commentaire philoſophique de Bayle. *in* 12. *0 · 12*   2 · 6

L'Alcoran de Mahomet, trad. par du Ryer. *La Haye* 1685. *in* 12. *2 · 0*   2 · 12

La Religion des Mahometans, tirée du Latin de Reland. *La Haye* 1721. *in* 12. *fig.* *2 · 0*   5 · 6

Refutation de Spinoſa, par M. de Fenelon, le P. Lamy, & le Comte de Boulainvilliers; avec la Vie de Spinoſa par Colerus. *in* 12. *5 · 0*   15 · 0

Traité des Diſpenſes. *in* 12. *2 · 10*   0 · 15

Le Bouclier de la France, ou les Sentimens de Gerſon touchant les differends de la France avec les Papes. *in* 12. *1 · 10*   2 · 5

L'Evêque de Cour, (par Jean le Noir.) 3. *v. in* 12. *1 · 10*   1 · 10

Hiſt. de la Créance & des Coutumes des Na-   2 · 1

tions du Levant, par deMoni (R. Simon.) *in 12.*

Hist. des Flagellans, trad. du Latin de Jac. Boileau. *in 12.*

Deux volumes restans, de peu de valeur. *in 12.*

N°. 34.

Medailles du regne de Louis le Grand. *Par. Imp. R.* 1702. *in fol. fig. mar.*

Medailles du regne de Louis XV. par G. R. Fleurimont. *in fol. fig. br.*

Hist. de France, par le Gendre. *Par.* 1718. 3. *v. in fol.*

Memoires de Castelnau. *Bruxel.* 1731. 3. *v. in fol. fig.*

Libertés de l'Eglise Gallicane, avec les Preuves. 4.to. en 3. *v. in fol.*

De Marca de Concordia Sacerdotii & Imperii, seu de Libertatibus Ecclesiæ Gallicanæ. *Par.* 1704. *in fol.*

Traité des Libertés Gallicanes, & de leur rapport avec l'autorité de l'Eglise Universelle, des Conciles Generaux & des Papes, (par M. le Vayer.) *MS. in fol.*

Remontrances & Harangues du Clergé de France. *Par.* 1740. *in fol.*

Recueil de Jurisprudence Canonique & Beneficiale, par Fuet & de laCombe. *Par.* 1734. *in fol.*

Missale Parisiense. *Par.* 1738. *in fol. rouge & noir.*

Alexandri Historia Ecclesiastica. *Par.* 1714. 7. *v. in fol.*

Launoii Epistolæ. *Cantabr.* 1689. *in fol.*

Etat Militaire de l'Empire Ottoman, par le Comte Marsigli; en Italien & en François. *La Haye* 1732. *in fol. fig.*

Ambassade à la Chine. *Leyde* 1665. *in fol. fig.*

Ambassade au Japon. *Amst.* 1680. *in fol. fig.*

Hist. du Japon, trad. de Kempfer. *La Haye* 1729. 2. *v. in fol. fig.*

No. 35.

Monumens de la Monarchie Françoise, par de
Montfaucon. Par. 1741. 5. v. in fol. fig. G. P.

Métamorphoses d'Ovide, trad. & expliquées par
Banier. Amst. 1732. in fol. fig.

Le Temple des Muses. Amst. 1733. in fol. fig.
de Picart.

Histoire des Insectes de l'Europe, par Marie Si-
bille Merian, traduit du Hollandois. Amst.
1730. in fol. G. P. avec 184. Planches coloriées.

Histoire naturelle de la Caroline, de la Floride,
& des Isles Bahama, par Catesby ; en Anglois
& en François. Lond. 1731. & 1743. 2. v. in
fol. G. P. fig. coloriées.

De la même Histoire le to. 1. séparement. grand
in fol. fig. coloriées. mar.

Index Testarum & Conchyliorum quæ adservan-
tur in Museo Nic. Gualtieri. Florentiæ 1742.
in fol. fig. bl.

Bidloo Anatomia. Amst. 1685. in fol. fig. G. P.

Le Manége Royal de Pluvinel, avec les fig. de
Crispian de Pas. Par. 1623. in fol. oblongo.

Architecture de Palladio, trad de l'Italien, avec
des notes. La Haye 1726. 2. to. en 1. v. in fol.
fig.

Recueil d'Estampes & de Desseins, pour servir à
l'Histoire des Arts & Métiers. (au nombre de
107.) Grand in fol.

Atlas de Sanson, contenant 110. Cartes enlu-
minées. Grand in fol.

Cartes Géographiques de Sanson, au nombre
de .... Grand in fol.

Cartes de de l'Isle & autres, au nombre de 45.
Grand in fol.

Liasse de Cartes & Plans, tant gravés que MSS.

G ij

Dix Tables de l'Armorial de Chevillard, blafon-
nées en couleurs.

Tables Anatomiques de Bourdon coloriées, &
deux autres Planches Anatomiques gravées . . . .
Anatomie du Corps humain repréfentée en fi-
gures & expliquée. *Par.* 1731. *in fol. br.*

75 . 19 Grand Portefeuille in folio contenant les Plan-
ches Anatomiques de M. Gautier, mifes en cou-
leurs avec leur explication.

20 . 0 Hift. de l'Hôtel Royal des Invalides, par M. Gra-
net. *Par.* 1736. *in fol. fig.*

119 . 0 Mabillon de Re Diplomatica; cum Supplemen-
to. *Par.* 1709. *in fol. fig.*

2 . 0 Portraits & Eloges des Hommes illuftres de la
Galerie du Palais Cardinal de Richelieu, par de
la Colombiere. *Par.* 1650. *in fol. fig.*

N°. 36.

22 : 0 Bibliothéque Françoife, par l'Abbé Goujet. *Par.*
1740. & *fuiv.* 14. *v.* in 12. 20 . 0

4 . 8 Le Nouvellifte du Parnaffe, (par l'Abbé Granet.)
3. *v.* in 12. 2 . 0

62 . 0 Obfervations fur les Ecrits modernes, par Granet
& des Fontaines. 33. *v.* in 12. 40 . 0

21 . 0 Jugemens fur quelques Ouvrages nouveaux, par
des Fontaines. 11. *v.* in 12. 11 . 0

2 . 8 Jugemens des Sçavans fur les Auteurs de Rhéto-
rique, par Gibert. 3. *v.* in 12. 2 . 0

5 . 8 Obfervations curieufes fur les Peuples du Monde,
(par l'Abbé Lambert.) 4. *v.* in 12. 2 . 0

5 . 2 Memoires de Mr Talon. 8. *to.* en 7. *v.* in 12. 6 . 0

59 . 19 Memoires pour l'Hiftoire des Hommes illuftres
dans les Lettres, par Niceron. 43. *v.* in 12. 40

2 . 0 Lettres édifiantes des Miffions des Jefuites; *to.* 20.
21. 22. 23. 24. & 26. in 12. *br.* 2 . 0

2 . 12 Bibliothéque Janfénifte, par le P. de Colonia. 2.
v. in 12. *br.* 2 . 10

Réponſe à la Bibliothéque Janſéniſte. *Nancy*
1740. *in* 12. *br.*

Inſtruction ſur la doctrine de la Grace. *Brux.* 0·15
1719. *in* 12. 0·10

Tradition de l'Egliſe ſur la Prédeſtination & la 0·1
Grace, par Germain (Queſnel.) *Cologne* 1687.
2. *v. in* 12. 2·0

L'Eſprit de M. Arnauld, (par Jurieu.) 2. *v. in*
12. 2·0 } 1·16

Queſtion curieuſe ſur M. Arnauld. *in* 12.

Lettre apologetique pour M. Arnauld. *in* 12. 1·0

Lettres de D. Thuillier contre l'Appel de la Conſ- 1·2
titution .... Lettre de M. Boſſuet aux Reli-
gieuſes de P. R. touchant la Signature du For-
mulaire. *in* 12. 0·15

Recueil de divers Ouvrages de piété. 1743. *in* 1·0
12. *br.* 1·0

Memoire ſur les Libertez Gallicanes. *Amſt.* 1755. 1·15
in 12. *br.* 1·10

Renverſement des Libertez Gallicanes. 2. *v. in* 1·10
12. 2·0

Memoire ſur les deux Alliances. 2. *v. in* 12. 2·0 2·0

Relations de la Mere Angélique Arnauld. *in* 12.

Lettres du Prince de Conty ſur l'accord du Libre- 0·10
Arbitre avec la Grace. *in* 12. 0·15

Semaine Sainte Latine & Françoiſe. *Par.* 1737. 0·17
in 12. *br.* 0·15

Plaidoyer d'Arnauld pour l'Univerſité, contre les 3·0
Jeſuites, en 1594. *in* 8.

Catechiſme de Drelincourt. *in* 8. 0·10 0·16

Conſidérations ſur le Commerce & la Naviga- 0·15
tion de la Gr. Bretagne, trad. de l'Anglois de
Gée. *Lond.* 1749. *in* 12. 0·15 *double.* 0·12

Nouvelles Fontaines domeſtiques, par M. Ami. 0·15
in 12. *br.* 0·15

Neuf volumes reſtans dépareillés. *in* 12. 0·10 0·10

10 · 1 **Bible Françoise, avec un Commentaire litteral.**
La Haye 1743. & suiv. 4. v. in 4. *10 · 0*
Sentimens sur la Religion, par Jean Meslier, Cu-
ré de Trepigny en Champagne. MS. 3. v. in 4.

0 · 0 Mabillon Museum Italicum. Par. 1724. 2. v.
in 4. *6 · 0*

2 · 9 Réponse aux deux Traités de la Perpetuité de la
Foi. Charenton 1688. in 4. *1 · 0*
Défense de la Réformation, contre le Livre des
Préjugez de Nicole, par J. Claude. Quevilly
1673. in 4. *2 · 0*

10 · 8 Institutions Ecclésiastiques & Beneficiales, par
Gibert. Par. 1750. 2. v. in 4. *6 · 0*

4 · 0 Usages de l'Eglise Gallicane sur les Censures &
l'Irrégularité, par le même. Par. 1724. in 4.

4 · 16 Pouvoirs légitimes du premier & du second Or-
0 · 4 dre. 1744. in 4. br. 4. double relié.

3 · 10 Hist. de Bertrand du Guesclin. Par. 1618. in 4. 1

12 · 0 Hist. des Révolutions d'Espagne, par d'Orleans.
Par. 1734. 3. v. in 4. *14 · 0*

4 · 1 Hist. de Portugal, par Lequien de la Neuville.
Par. 1700. 2. v. in 4. *4 · 0*

8 · 0 Description de l'Egypte, par l'Abbé le Mascrier.
Par. 1735. in 4. fig. *5 · 0*

10 · 10 Hist. de la Médecine, par Daniel le Clerc. La
Haye 1729. in 4.
Hist. de la Médecine, trad. de l'Anglois de Freind.
Par. 1728. in 4. *6 · 0*

24 · 1 Jugemens des Sçavans sur les Ouvrages des Au-
teurs, par Baillet; avec les notes de M. de la
Monnoye, & l'Anti-Baillet de Menage. Par.
1722. & 1730. 8. v. in 4. G. P. *28 · 0*

727 · 0 Recueil de l'Académie des Sciences, depuis 1666.
jusqu'à 1751. inclusivement; avec les Tables,
les Machines, & les Piéces pour les Prix. 83.

, v. in 4. manque le vol. de 1750.

N°. 39.

Pratique du Théatre, par l'Abbé d'Aubignac.
Amst. 1715. 2. v. in 8. 3 · 0

Défense de la Perpétuité de la Foi, (par Re- 2 · 16
naudot.) in 8. 2 · 0

De l'Unité de l'Eglise, contre Nicole, par Jurieu
in 8. 1 · 0

Systéme de l'Eglise, contre Nicole, par Jurieu. } 1 · 0
in 8. 1 · 0

Introduction à la Vie devote, de S. François de 1 · 1
Sales. in 8. 0 · 10

Instructions pour passer chrétiennement la jour- 0 · 14
née. in 8. 0 · 10

Heures Latines de la Sainte-Vierge. Par. Gotique 1 · 16
in 8. avec miniatures. mar. 1 · 10

Vie de Sainte Thérese, trad. par Arnauld d'An- 2 · 3
dilly. in 8. 1 · 0

Vie de M. Joly, par Beaugendre. in 8. 1 · 0   1 · 11

Pratiques de piété pour honorer le S. Sacrement. 1 · 9
in 8. 1 · 0

Liber Psalmorum, & Cantica, cum notis D. Bos- 1 · 6
suet. in 8. 1 · 0

Vies des Prophetes, (par MM. de Port-Royal.) 1 · 13
in 8. 1 · 10

Discours sur la Bible, par Saurin. Amst. 1720. 8 · 0
& suiv. 6. v. in 8. 8 · 0

Abregé de S. Jean Chrysostome sur le N. Testa- 2 · 0
ment, trad. 2. v. in 8. 1 · 10

Locke de l'Entendement humain, trad. par Cos- 3 · 0
te. Amst. 1723. in 4. 3 · 0

Arnauld des vrayes & des fausses Idées. in 8. 1 · 0   1 · 5

Théologie Physique, trad. de Derham, par Luf- }
neu. Rotterd. 1730. in 8. 4 · 0   } 5 · 11

Théologie Astronomique du même. in 8. fig.)

Hist. des Pierreries, trad. de Boëce de Boot. &c. 6 · 2
Lyon 1644. in 8. 5 · 0

1 . 0 Pratique de Médecine, trad. d'Ettmuller. *in 8.* 1

2 . 1 Du bon choix des Médicamens, de Daniel Ludovicus, commenté par Ettmuller. 2. *v. in 8.* 2

2 . 1 Pharmacopée de Schroder, commentée par Ettmuller. 2. *v. in 8.* 2 . 0

2 . 11 Anatomie de Dionis. *Par.* 1705. *in 8. fig.* 2 . 10

2 . 0 Anatomie d'Heister, trad. *in 8. fig.* 2 . 0

5 . 0 Anatomie Chirurgicale de Palfin, commentée par Boudon. 2. *v. in 8. fig.* 4 . 0

4 . 5 Chymie de Lemery. *Par.* 1713. *in 8.* 2 . 0

13 . 0 Récréations Mathematiques d'Ozanam. 4. *v. in 8. fig.* 12 . 0

2 . 19 Usage des Globes & des Spheres, par Bion. *Par.* 1717. *in 8. fig.* 2 . 0

2 . 0 Figure de la Terre, par M. de Maupertuis. *Par. Imp. R.* 1738. *in 8. fig.* 2 . 0

1 . 17 Théorie des Cometes, par M. le Monnier. *Par.* 1743. *in 8. fig.* 1 . 10

12 . 9 Travaux de Mars, par Mallet. 3. *v. in 8. fig.* 9 . 0

0 . 17 Hist. des premieres Expéditions de Charlemagne. *in 8.* 1 . 0

No. 40.

10 . 2 Le Siécle de Louis XIV. par M. de Voltaire, avec les Remarques de M. de la Baumelle. *Francfort* 1753. 3. *v. in 8. br.* 6 . 0

3 . 0 Hist. abregée du Parlement durant les troubles sous Louis XIV. *in 12. br.*

Lettres historiques sur le Parlement, les Pairs, &c. 2. *v. in 12. br.* 3 . 0

2 . 10 Abregé de l'Hist. de France, (par le P. Henault.) *Par.* 1744. *in 8. mar.*

6 . 0 Hist. de France sous differens Régnes, par l'Abbé de Choisy. 4. *v. in 12.* 4 . 0

6 . 0 Memoires de M. Talon. 8. *v. in 12.* 6 . 0

2 . 0 Memoires de la Rochefoucault & de la Chastre. 2. *v. in 12.* 1 . 10

Memoires

Memoires hiſtoriques d'Amelot de la Houſſaie. 5. 0
2. v. in 12. 3. 0

Abregé de l'Hiſt. & du Droit Public d'Allema- 4. 0
gne. Par. 1754. in 8. br. 2. 0

Voyage de la Mer du Sud, par Frezier. Amſt. 6. 0
1717. in 12. fig. 1. 10

Hiſt. de Paris. 5. v. in 12. 5. 0   6. 0

Hiſt. des Ducs de Bretagne, par des Fontaines. 6. 0
6. v. in 12. 6. 0

Memoires du Duc de Rohan. 2. v. in 12. 1. 10. 2. 0

Memoires de Puyſegur. 2. v. in 12. 1. 0 . . . . 1. 0

Memoires de Pontis. Par. 1676. 2. v. in 12. 2. 0. 2. 4

Memoires de Gourville. 2. v. in 12. 2. 0 . . . . . 4. 0

Memoires de Beauvais-Nangis, ou Hiſt. des Fa-
voris François. in 12. 1. 10 . . . . 1. 10

Memoires du Comte de Forbin. 2. v. in 12. 2. 0. 2. 19

Memoires du Marquis de Guiſcard. in 12. 1. 10 ⎱ 4. 0
Conjuration du Comte de Fieſque. in 12.   ⎰

Diction. Hiſtorique portatif, par l'Abbé Ladvo- 6. 6
cat. Par. 1755. 2. v. in 8. br. 4. 0

Paraphraſe des Pſeaumes. 2. v. in 12. 1. 0   1. 11

Lettres ſur la Religion eſſentielle à l'Homme. 5. 19
Amſt. 1738. 2. to. en 1. v. in 12. 3. 0

Syſtême des Anciens & des Modernes, ſur l'état 9. 0
des Ames ſéparées des Corps. Amſt. 1733. in
12. 2. 0

Helvetius des Maladies & de leurs remédes. in 12.
mar. *reclamé*.

L'Art de Laver, ou de peindre ſur le papier, par 1. 7
Gautier. in 12. 1. 0

Trois vol. reſtans, de peu de valeur. in 12. 0. 12. 0. 12

N°. 411

Memoires chronologiques & dogmatiques de 9. 0
l'Hiſtoire Eccléſiaſtique, par d'Avrigny. 4. v.
in 12. 4. 0

Vies des Saints. Par. 1734. in 12. 1. 10 . . . . . 1. 14

Hist. du Chriftianifme des Indes, par la Croze. La Haye 1724. in 8. 2.0

Vie de Rufin, (par Gervaife.) 2. v. in 12. 2.0

Vie de S. Thomas de Cantorbery. in 12.

Hist. de D. Inigo de Guipufcoa. La Haye 1738. 2. v. in 8. 3.0

Differt. apologetique pour Robert d'Arbriffelles, contre Bayle. in 8. 1.0

Vie de M. de Rancé Abbé de la Trappe, par Marfollier. 2. v. in 12. 2.10

Vie d'Antoine Arnauld. in 12. 1.0

Vie de M. de Tillemont. in 12. 0.10

Vie du Cardinal Commendon, trad. par M. Flechier. 2. v. in 12. 2.0

Hift. de Viclef, Jean Hus, & Jerome de Prague. 2. v. in 12. 1.10

Hift. du Fanatifme de notre tems, par Brueys. 3. v. in 12. 2.10

Hift. des Croifades, par M. de Voltaire. 1753. in 12. br. 0.10

Differt. fur l'origine de l'Abbaye de S. Bertin. in 12. 1.0

Hift. des Indes Orientales, par M. Guyon. 3. v. in 12. 4.0

Hift. de Tamerlan, trad. par Pétis de la Croix. 4. v. in 12. 4.0

Hift. de Tamerlan, par Margat. 2. v. in 12. 2.0

Hift. de Genghizcan, trad. par Pétis de la Croix. in 12. 1.0

Hift. du Mogol, par Catrou. 2. v. in 12. 2.0

Hift. des Amazones, par M. Guyon. 2. v. in 12. 1.10

Hift. des Arabes & de Mahomed, par le Comte de Boulainvilliers. in 12. 1.10

Vie de Mahomet, par Prideaux. Amft. 1698. in 8. fig. 2.0

Etat préfent de la Puiffance Ottomane, par du Vignau. in 12. 1.0

Hift. de l'Empire Ottoman , trad. de Ricaut, par Briot. *in* 12. *fig.* 2·0 } 2·0

Hift. de l'Empire Ottoman , trad. de Sagredo , par Laurent. 6. *v. in* 12. 5·0 4·10

Hift. de la Religion des Turcs , par Baudier. *in* 8. 1·0

Mémoires fur l'état préfent de la Mofcovie. 2. *v. in* 12. 2·0 2·4

Hift. des Ufcoques , trad. par Amélot de la Houf-faie. *in* 12. 1·10 2·5

Hift. de Diodore de Sicile, trad. par Terraffon. 7. *v. in* 12. 7·0 12·2

Bibliotheque des Auteurs de la Congreg. de S. Maur, par le Cerf de la Viéville. *Là Haye* 1726. *in* 12. 1·0 1·17

No. 42.

Principes de l'Hiftoire, pour l'éducation de la Jeu-neffe , par Lenglet. 6. *v. in* 12. 5·0 5·2

Tablettes Chronologiques , par le même. 2. *v. in* 8. 4·0 7·7

Elemens de l'Hiftoire , par de Vallemont. 3. *v. in* 12. 4·0 2·1

Tablettes pour l'Hift. Eccléfiaftique, par Marcel. *in* 8. 1·0 }
Tablettes pour l'Hift. Profane , du même. *in* 12. } 2·10

Hift. Univerfelle de Petau, trad. & continuée. 5. *v. in* 12. 1715·5·0 5·0

Hift. des Empires, (par M. Guyon.) 12. *v. in* 12. 12·0 10·0

Hift. Univerfelle, pour Mefdames de France , (par M. Hardion.) 5. *v. in* 12. *br.* 5·0 8·10

Hift. du Monde, trad de Shuckford, par Bernard. *Leyde* 1738. 3. *v. in* 12. 4·10 7·12

Hift. Univerfelle, par M. Boffuet ; avec la Suite. 2. *v. in* 12. 2·0 2·12

Introduction à l'Hift. de l'Univers, trad. de Pu-fendorf, & continuée. 7. *v. in* 12. *avec des Car-*tes. } 10·0

Suite de Pufendorf, pour l'Hift. de l'Afie, de l'A-
frique & de l'Amerique, par de la Martiniere.
Amft. 1735. 2. *v. in* 12. *avec des Cartes.* 9

5 · 0 Hift. Profane, (par du Pin.) 6. *v. in* 12. 5 · 0

2 · 0 Hift. du Commerce & de la Navigation des An-
ciens, par M. Huet. *Holl.* 1727. *in* 12. 2 · 0

N° 43.

22 · 0 Geoffroy de la Matiere Medicale, trad. 10. *v. in*
12. 15 · 0

1 · 6 Logique, ou l'Art de penfer, (par Nicole.) *in*
12. 1 · 0

1 · 11 Logique du P. Regnault. *in* 12. 1 · 0

5 · 1 Entretiens Phyfiques, par le même. 4. *v. in* 12,
fig. 4 · 0

7 · 2 Recherche de la Vérité, par Malebranche. 4. *v. in*
12. 6 · 0

1 · 1 Traité des premieres Veritez & de la Source de
nos Jugemens, par Buffier. *in* 12. 1 · 0

2 · 16 Voyage du Monde de Defcartes, (par Daniel.)
in 12. 2 · 0

2 · 10 Jardinier Fleurifte, par Liger. *in* 12. *fig.* 1 · 10

1 · 7 Traités des Mouches à Miel, & des Vers à Soye.
in 12. 1 · 0

6 · 5 Effai fur l'Hift. naturelle du Polype Infecte, trad.
de Baker, par M. de Mours. *Par.* 1744. *in* 8.
fig.
Hift. des Polypes d'eaudouce, à bras en forme de
cornes, par M. Trembley. *Par.* 1744. 2. *v. in*
8. *fig.* 4 · 0

42 · 0 Lettres édifiantes des Miffions d's Jefuites. 25.
v. in 12. 25 · 0

N° 44.

2 · 10 Leçons de Phyfique, par Privat de Molieres. 3.
v. in 12. *fig.* 3 · 0

1 · 10 Phyfique de Rohault. 2. *v. in* 12. 2 · 0

1 · 5 Entretiens de Métaphyfique & de Religion, par

Malebranche. *in* 12. *1 - 0*

Converfations chrétiennes , par le même. *in* 12. *0 - 12*

Hift. de la Philofophie Payenne. *La Haye* 1724. 2. *v. in* 12. *3 - 0* 2 - 2

Hift. critique de la Philofophie , (par M. Deflan- des.) *Amft.* 1737. 3. *v. in* 8. *3 - 0* 6 - 0

Curiofités de la Nature & de l'Art fur la Vegeta- tion , par Vallemont. 2. *v. in* 12. *fig. 2 - 0* 3 - 0

Traité d'Infectologie , ou Obfervations fur les Pucerons , par M. Bonnet. *Par.* 1745. 2. *v. in* 8. *fig. 3 - 0* 4 - 4

Abregé de l'Hift. des Infectes , (par M. Bazin.) *Par.* 1747. 2. *v. in* 12. *fig. 3 - 0* 4 - 15

0 - 10 Connoiffance & Culture des belles Fleurs. *in* 12. 3 - 1

Traité des Tulipes. *in* 12. *1 - 0* 2 - 10

Jardinage des Oeillets. *in* 8. *1 - 0* 3 - 0

Culture de l'Oreille d'Ours. *Brux.* 1735. *in* 12. br. *1 - 0* 7 - 4

Defcript. anatomique du Corps humain , par Bour- don. *in* 12. *1 - 0* 2 - 12

Anatomie raifonnée , par Tauvry. *in* 12. *fig. 1 - 10* 1 - 10

Récréation Mathematique , compofée de Problé- mes plaifans & facétieux , par Van Effen. *Pont- à-Mouffon* 1726. *in* 8. *fig. 1 - 10* 6 - 1

Voyage de l'Arabie heureufe , par de la Roque. 2. *v. in* 12. *fig. 3 - 0* 3 - 1

Voyage du Baron de la Hontan. *Amft.* 1728. 3. *v. in* 12. *fig. 3 - 0* 3 - 10

6 - 0 Voyage de Labat en Amerique. 6. *v. in* 12. *fig.* 6 - 0

Memoires du Chevalier d'Arvieux , par Labat. 6. *v. in* 12. *6 - 0* 12 - 0

Voyage d'Italie , par Miffon. *La Haye* 1702. 3. *v. in* 12. *fig.*
Remarques fur le Voyage d'Italie de Miffon , par Addiffon. *in* 12. *5 - 0* 5 - 0

Conquête de la Chine par les Tartares , trad. de 1 - 0

Palafox par Collet. *Amst.* 1723. *in* 12. 1-0

2-0 Hist. de la Virginie, trad. de l'Anglois. *Amst.* 1707. *in* 12. *fig.* 1-10

3-13 Hist. des Yncas, trad de Garcillasso de la Vega, par Baudoin. *Amst.* 1704. 2. *v. in* 12. *fig.* 3-0

2-7 Les Francs-Maçons écrasés, suite de l'Ordre des Francs-Maçons trahi; trad. du Latin. *Amst.* 1747. *iu* 8. *fig.* 3-0

N°. 45.

3-16 Voyage d'Espagne & d'Italie, par Labat. 8. *v. in* 12. 5-0

6-6 Voyage du Chevalier des Marchais en Guinée, par Labat. 4. *v. in* 12. *fig.* 4-0

6-0 Descript. du Cap de Bonne-Espérance, par Kolbe. *Amst.* 1741. 3. *v. in* 8. *fig.* 4-10

3-0 Hist. du Duc d'Espernon, par Girard. 4. *v. in* 12. 4-0

1-11 Memoires du Duc de Rohan. *Holl.* 1646. *in* 12. 1-0

2-10 Vie du Card. de Richelieu, par le Clerc. 3. *v. in* 12. 2-10

5-0 Hist. du Card. Mazarin, par Aubery. *Amst.* 1718. 3. *v. in* 12. 3-0

2-0 Hist. de Henriette d'Angleterre, femme de M. Philippe Duc d'Orleans, par Mad. de la Fayette. *in* 8. 1-4

1-0 Vie de M. de Turenne, par du Buisson. *La Haye* 1688. *in* 12. 1-0

9-2 Autre Vie de M. de Turenne, par Ramsay. *La Haye* 1736. 4. *v. in* 8. *fig.* 5-0

2-10 Hist. de Hollande, par de la Neuville. 4. *v. in* 12. 3-4

0-13 {Etat des Provinces-Unies. 1690. *in* 12. } 0-12
{Hist. du Stadhouderat. 1747. *in* 12. *br.* }

2-9 Memoires de la Cour d'Espagne, (par Mad. d'Aulnoy.) 2. *v. in* 12. 1-14

Hiſt. ſecrette des Rois & Reines d'Angleterre, trad. de l'Anglois. *Amſt.* 1729. 3. *v. in* 12.

Abregé de l'Hiſt. d'Angleterre, par M. du Tertre. *Par.* 1751. 3. *v. in* 12.

Introd. à l'Hiſt. d'Angleterre, trad. de Temple. *Amſt.* 1695. *in* 8. *fig.*

Vie de Cromwel, trad. de Leti. 2. *v. in* 12.

Voyage de Cromwel en l'autre monde, & ſon retour ſur la terre, trad. de l'Anglois par le Noir. *Loudres* 1690. *in* 8.

Memoires de Burnet ſous Charles II. & Jacques II. trad. de l'Anglois. *La Haye* 1725. 3. *v. in* 12.

Vie du Duc de Malrborough & du Prince Euge-ne, trad. de l'Anglois. *in* 12.

Etat préſent de l'Angleterre, trad. de Chamber-layne. *Amſt.* 1688. 2. *v. in* 12.

Differt. ſur les Wighs & les Torys, par Thoyras Rapin. *in* 12.

Vie de Vanin, (par Durand.) *Rotterd. in* 12.

Vie de Grotius, par M. de Burigny. *Par.* 1752. 2. *v. in* 12.

Comment. des Lettres *Ne repugnate.* 1750. 2. *v. in* 12. *br.*

Examen impartial des Immunités eccléſiaſtiques. 1751. *in* 12. *br.*

Les illuſtres Françoiſes. 3. *v. in* 12.

N°. 46.

Hiſt. d'Herodote, trad. par du Ryer. 2. *v. in* 12.

Hiſt. de Thucydide & de Xenophon, trad. par d'Ablancourt. 3. *v. in* 12.

Retraite des dix mille de Xenophon, trad. par le même. *in* 12.

Q. Curce trad. par de Vaugelas ; avec le Latin à côté. *Holl.* 1699. 2. *v. in* 12. *fig.*

1-12 Hiſt. de Philippe pere d'Alexandre, par M. Oli-
vier. *Par.* 1740. 2. *v. in* 12. 2-0

1-0 Vies des grands Capitaines Grecs & Romains,
trad. de Cornelius Nepos, par le Gras. *in* 12. 1

2-0 Hiſt. Romaine & Grecque de Velleius Patercu-
lus, trad. par Doujat. 2. *v. in* 12. 2-0

0-12 Salluſtius, cum notis Min-Ellii. *Roter.* 1695. *in* 12. 1

0-16 Salluſte trad. *in* 12. 1-0

1-10 Le même, Lat. Franç. *in* 12. 1-0

1-12 Commentaires de Ceſar, trad. par d'Ablancourt.
in 12. 1-0

2-10 Tacite, trad. par d'Ablancourt. 3. *v. in* 12. 3-0

1-14 ⎰ Annales de Tacite, trad. avec des notes, par
⎱ Amelot de la Houſſaie. 2. *v. in* 12. 1-10
⎱ Morace de Tacite ſur la Flatterie, par le même.
⎱ *in* 12. 2-0

1-0 Suetone, trad. *in* 12. *fig.* 1-0

21-0 Hiſt. Romaine, trad. d'Echard. 16. *v. in* 12. 16-0

15-16 Hiſt. Romaine, par Rollin. 8. *v. in* 12. 10-0

4-19 Révolutions de la République Romaine, par de
Vertot. 3. *v. in* 12. 3-0

N°. 47.

24-1 Hiſt. Ancienne, par Rollin. 13. *v. in* 12. 24

2-15 Hiſt. moderne des Chinois, des Japonois, des
Indiens, des Perſans, &c. pour Suite à l'Hiſt.
Ancienne de Rollin; (par M. Marſy.) 2.
v. in 12. *br.* 2-0

3-2 Hiſt. de Grece, trad. de Stanyan. 3. *v. in* 12. 2-10

1-0 Arrian des Guerres d'Alexandre, trad. par d'A-
blancourt. *in* 12. 1-0

2-4 Hiſt. des ſept Sages, par de Larrey. 2. *v. in* 12. 1

1-10 Vies des anciens Philoſophes, par M. de Fene-
lon. *in* 12. 1-0

7-12 Hiſtoire Sainte des deux Alliances. *Par.* 1741.
7. *v. in* 12. 7-0

2-0 Hiſt. Sainte juſqu'à J. C. avec des notes. (par de
Bonnai-

Bonnaire.) *Par.* 1735. 2 v. *in* 12. 2. 0.

Abregé de l'Hift. & de la Morale de l'Ancien

Teftament, (par M. Menenguy.) *in* 12. 6.

Abregé de l'Hift. de l'Ancien Teftament, (par le

même.) 8 v. *in* 12. manque les 8. & 9. tos.

N°. 48.

Programme d'un Cours de Phyfique Experimen-

tale, par l'Abbé Nollet..... Catalogue. raifon-

né de Coquilles & autres Curiofités naturelles,

par Gerfaint. 1736. *in* 12. *fig.*

Leçons de Phyfique Experimentale, par le mê-

me Nollet. *Par.* 1743. 2 v. *in* 12. *fig.*

Electricité des Corps, par le même. *in* 12. *fig. br.*

Experiences fur l'Electricité, trad. de Franklin.

Par. 1752. *in* 8. *br.*

Experiences fur l'Electricité, par M. Jallabert.

Par. 1749. *in* 8.

Lettres philofophiques fur la formation des Sels

& des Criftaux, & fur le méchanifme des Plan-

tes & des Animaux, par M. Bourguet. *Amft.*

1729. *in* 12. *fig.*

Cours de Chymie, felon Newton & Stahl. *Par.*

1723. 2 v. *in* 12.

Introd. à la Chymie, trad. de Roth, par M.

Clauffer. *Par.* 1741. *in* 12.

Chymie Hydraulique. *Par.* 1745. *in* 12. *fig. br.*

Parallele de la Phyfique d'Ariftote & de celle de

Defcartes, par le Boffu. *in* 12.

De l'Efprit de l'Homme felon Defcartes, par de

la Forge. *Amft. in* 12.

Hift. du Ciel, par M. Pluche. *Par.* 1739. 2 v.

in 12. *fig.*

Obfervations fur toutes les parties de la Phyfique.

3 v. *in* 12. *fig.*

Conjectures fur les effets du Tonnerre, par Lamy.

in 12. *fig.*

I

2 · 0   Culture des Fleurs. *in* 12.

2 · 0   Traité des Oeillets. *in* 12.

5 · 0   Medecine, Chirurgie & Pharmacie des Pauvres,
       par Hecquet. *Par.* 1742. 3. *v. in* 12.

6 · 0   Pratique des Maladies aiguës, par Tauvry. 2. *v.*
       in 12.

     Pratique des Maladies chroniques, par le même.
       in 12.

1 · 10   Systême des Fiévres, par Falconet. *in* 8.

1 · 0   Le Regime du Carême, par Andry. *in* 12.

1 · 10   Remedes de Mad. Fouquet. 2. *v. in* 12.

4 · 0   Operations de Chirurgie, par Garengeot. 3. *v.*
       in 12. *fig.*

1 · 10   Elemens des Mathematiques, par Lamy. *in* 12.

2 · 0   Elemens de Geometrie, par le même. *in* 12.

2 · 11   Oeuvres du P. Pardies. *in* 12. *fig.*

4 · 0   Optique de Newton, trad. par Coste. *Amst.*
       1720. 2. *to.* en 1. *v. in* 12. *fig.*

2 · 10   Hist. du Card. Ximenès, par M. Flechier. 2. *v.*
       in 12.

2 · 10   Revolutions de Portugal, par de Vertot. *in* 12.

3 · 0   Revolutions de Suede, par le même. 2. *v. in* 12.

4 · 0   Hist. de Charles XII. Roi de Suede, par M. de
       Voltaire. 2. *v. in* 12.

3 · 0   Revolutions de Pologne, par des Fontaines.
       Amst. 1735. 2. *to.* en 1. *v. in* 12.

     Relation de la Captivité du Sieur Mouette à Ma-
       roc. *in* 12.

N°. 49.

     Traité des Instrumens de Chirurgie, par Ga-
       rengeot. 2. *v. in* 12. *fig.*

2 · 0   Idée de l'Oeconomie animale, par Helvetius.
       Par. 1722. 2. *v. in* 8.

2 · 0   Traité des Maladies & de leurs remedes, par le
       même. *in* 12.

1 · 10   Dissertation sur la Goutte & sur la Pierre, par

Defaut. 2. v. in 12.

Boerhaave des Maladies Veneriennes, trad. par de la Mettrie. in 12.

Manuel des Dames de Charité, ou Formules de Medicamens. Par. 1755. in 12.

Chymie raisonnée d'Ettmuller, trad. in 12.

Chymie des Dames, par Marie Meurdrac. in 12.

Hecquet des Dispenses du Carême. iu 12.

Naturalisme des Convulsions, par Hecquet. 3. to. en 1. v. in 12.

Nouvelles Fontaines filtrantes, par M. Amy. 2. v. in 12. fig.

Abregé de la Philosophie de Gassendi, par Bernier. 8. v. in 12

La Clef des Sciences, ou la Logique, par M. Cochet. in 8.

La Métaphysique, par le même. Par. 1753. in 8.

La Morale, par le même. in 8.

Arnauld des vrayes & des fausses Idées, contre Malebranche. in 12.

Meditations chret. & methaphysiques, par Malebranche. 2. v. in 12.

Traité de l'Ame des Bêtes. Par. 1737. in 12.

Essai philosophique sur l'Ame des Bêtes, par Boullier. Amst. 1737. 2. v. in 12.

Pascal de l'equilibre des Liqueurs, & de la pesanteur de l'Air. in 12. fig.

Hist. naturelle de l'Univers, par Colonne. 4. v. in 12.

Spectacle de la Nature, par M. Pluche. 9. v. in 12. fig.

Le Mercure Indien, par de Rosnel. in 8.

Observations de Physique & d'Hist. Naturelle, par M. de Secondat. Par. 1750. in 8.

Jardinier Solitaire. in 12.

1·10 Morin de la culture des Fleurs. in 8.

1·15 Hist. naturelle des Abeilles, (par Basin.) 2. v.
in 12. fig.

2·0 Livre nécessaire de Barréme. in 12.

2·2 Figures des Astres, par M. de Maupertuis. Par.
Imp. R. 1732. in 8.

1·0 Statique, ou Science des Forces mouvantes, par
Pardies. in 12. fig.

1·5 Traité d'Horlogerie, trad. de Derham. in 12.
fig.

2·6 L'Art. de la Verrerie, par Haudicquer de Blan-
court. Par. 1697. in 12. fig.

8·0 Traité de toute sorte de Chasse & de Pêche.
Amst. 1714. 2. v. in 12. fig.

5·4 Lucrece, trad. par des Coustures. 2. v. in 12.

N°. 50.

7·0 Relat. de l'Afrique Occidentale, par Labat. 5.
v. in 12. fig.

8·0 Voyages de du Mont. La Haye 1699. 4. v. in
12. fig.

1·11 Voyage vers le Septentrion. Amst. 1708. in 12.
fig.

0·15 Relat. du Levant. 1671. in 12.

5·0 Hist. des Guerres des Espagnols dans les Indes,
trad. de Garcillasso de la Vega, par Baudoin.
Amst. 1706. 3. v. in 12.

6·0 Conquête du Mexique, trad. de Solis (par Citri
de la Guette.) La Haye 1692. 2. v. in 12. fig.

4·0 Geographie de la Croix. 5. v. in 12. fig.

1·17 Geographie moderne abregée. Par. 1748. in 12.

1·0 Diction. Geographique portatif, par M. Vos-
gien. Par. 1747. in 8.

0·15 Geographie des Enfans, par Lenglet. in 12.

1·0 Description de la France, par Tillemon, (de Tra-
lage.) in 12.

1·0 Les Rues de Paris. in 12. 1722.

2·1 Introduction à la Philosophie, trad. de Gravesan-

... de. *Leyde.* 1737. *in* 8.

Principes du Raisonnement , par Buffier. *in* 12.

Abregé de Locke sur l'Entendement humain, trad. par Bosset. *in* 12.

Experiences de Physique , par Poliniere. *Par.* 1734. 2. *v. in* 12. *fig.*

Traité des Eaux minerales de Vichy , par M. Chomel ; avec les Observations de Duclos sur les Eaux minerales de France. *Par.* 1738. *in* 12.

Anatomie des Plantes , trad. de Grew ; avec l'Ame des Plantes , par Dedu. *in* 12.

Morin de la culture des Fleurs , *in* 8.

H.st. des Insectes , par Goedart. *Amst.* 1700. 3. *v. in* 8. *fig.*

Arithmetique de Barrémé. *in* 12.

Abregé de la Medecine pratique , trad. d'Allen. *Par.* 1737. 6. *v. in* 12.

Le Medecin de soi-même , (par de Vaux.) *Leyde.* 1682. *in* 12.

Venette de la Generation de l'Homme *Cologne* 1721. 2. *v. in* 12. *fig.*

Dissert. sur l'Hydropisie de poitrine, par M. Bergeron. *in* 12.

Silva de l'usage des Saignées. *Par.* 1727. 2. *v. in* 8.

Operations de Chirurgie , trad. de Sharpe , par M. Jault. *Par.* 1741. *in* 12. *fig.*

De la la Matiere Médicale , par Tournefort. 2. *v. in* 12.

Traité des Medicamens, par Tauvry. 2. *v. in* 12.

Elemens de Chymie theorique , par M. Macquer. *in* 12.

Geometrie pratique , par Daudet. 3. *v. in* 12.

N°. 51.

Voyage du tour du Monde , trad. de Gemelli

Carreri, (par le Noble.) 6. v. in 12. fig.

Voyages de Bernier au Mogol. Amst. 1710. 2. v. in 12. fig.

Voyage du Mont Liban, trad. de Dandini, (par Richard Simon.) in 12.

Voyage de Syrie & du Mont Liban, par de la Roque. 2. v. in 12. fig.

Voyage d'Egypte, par Vansleb. in 12.

Voyage de Dellon. 3. v. in 12. fig.

Voyages de Th. Gage, trad. de l'Anglois. Amst. 1720. 2. v. in 12. fig.

Voyage de Guinée, par Boseman. Utrecht 1705. in 12. fig.

Voyage de Chardin en Perse. Amst. 1686. in 12. fig.

Voyage de Dalmatie, de Grece, & du Levant, trad. de Wheler. La Haye 1723. 2. v. in 12. fig.

Le même Voyage, par Spon. La Haye 1724. 2. v. in 12. fig.

Voyage de la Baye de Hudson, trad. de Ellis. Par. 1749. 2. v. in 12. fig.

Voyage autour du Monde, par Anson, trad. Par. 1750. 4. v. in 12. fig.

Voyages au Nord. Amst. 1715. & suiv. 8. v. in 12. fig.

Hist. de Ceylan, trad. de Ribeyro (par le Grand.) in 12. fig.

Relation de l'Inquisition de Goa, par Dellon. Par. 1688. in 12. fig.

Hist. de la Religion des Banjans, & des anciens Persans, trad. de l'Anglois de Lord. in 12.

Conquête de la Floride, trad. de Garcillasso de la Vega, par Richelet. in 12.

Conquête du Perou, trad. de Zarate. 2. v. in 12. fig.

Ambaſſades au Japon. 2. v. in 12. fig.

Expedition de Carthagene, par M. de Pointis. in 12.

Memoires des Miſſions des Jeſuites dans le Levant. 9. v. in 12. fig.

Methode pour étudier la Geographie, par Lenglet. Par. 1736. 5. v. in 12. fig.

Diction. Geographique in 12.

N_o. 52.

Hiſt. de Ciceron, trad. de Middleton par l'Abbé Prevoſt. 4. v. in 12.

Lettres de Ciceron à Brutus, trad. par le même; pour Supplément au Livre précedent. in 12.

Hiſt. des Triumvirats, [par Citri de la Guette.] 3. v. in 12.

Hiſt. de Theodoſe, par M. Flechier. in 12.

Vie de Julien, par l'Abbé de la Bleterie. in 12.

Hiſt. de Jovien, par le même. 2. v. in 12.

Hiſt. des Veſtales, par Nadal. in 12.

Abregé de l'Hiſt. & du Droit Public d'Allemagne. Par. 1754. in 18.

Hiſt. de l'Empire, par Heiſſ. 5. v. in 12.

Abregé de l'Hiſt. des Empereurs, par Richer. Par. 1753. in 8.

Annales de l'Empire, par M. de Voltaire. 2. v. in 12. br.

Tableau de l'Empire Germanique. 2. v. in 12.

Antiquité de la Nation & de la Langue des Celtes ou Gaulois, par Pezron. in 12.

Abregé de Mezeray. Par. 1676. 8. v. in 12. fig. mar.

Suite de Mezeray, par de Limiers. 3. v. in 12.

Hiſt. de France, par le Gendre. 8. v. in 12.

Abregé de l'Hiſt. du P. Daniel. 9. v. in 12.

Abregé de l'Hiſt. de France, par M. Henault. Par. 1752. in 8.

Mœurs & Coutumes des François, par le Gen-
dre, *in* 12.

Memoires du Comte de Boulainvilliers, présen-
tés à M. le Regent. 2. *v.* in 8.

N°. 53.

Hift. Evangelique, confirmée par la Judaïque &
la Romaine, par Pezron. *Par.* 1696. 2. *v. in*
12.

Hift. des Juifs, trad. de Jofephe par Arnauld
d'Andilly. *Le Petit.* 5. *v. in* 12.

Hift. des Juifs, par Bafnage. *La Haye* 1716. 15.
v. in 12.

Hift. des Juifs, trad. de Prideaux. *Amft.* 1722.
5. *v. in* 12.

La même. *Amft.* 1728. 6. *v.* in 12. *fig.*

Republique des Hébreux, & Antiquitez Judaï-
que, par Bafnage. 5. *v.* in 8. *fig.*

Hift. de l'Ancien & du N. Teftament & des Juifs,
par Dom Calmet. 7. *v. in* 12. *fig.*

Difcours de Fleury fur l'Hift. Ecclefiastique. *in*
12.

Justification de l'Hift. de Fleury. *in* 12.

Abregé de l'Hift. Ecclefiastique, (par l'Abbé
Racine.) *Utrecht* 1748. & *fuiv.* 13. *v. in* 12.

N°. 54.

Hift. & Memoires de l'Académie des Infcriptions
& Belles-Lettres. *Par. Imp. R.* 21. *v.* in 4. *fig.*

Hift. des Infectes, par M. de Reaumur. *Par. Imp.
R.* 6. *v. in* 4. *fig.*

Hift. de la Milice Françoife, par Daniel. *Par.*
1721. 2. *v. in* 4. *fig.*

Hift. des grands Chemins de l'Empire Romain,
par Bergier. *Bruxel.* 1736. 2. *v.* in 4. *fig.*

Vie de du Pleffis Mornay, (par de Liques.) *El-
zevir,* 1647. in 4.

N°. 55.

Hift. d'Angleterre, par Rapin Thoyras. *La Haye* 1727. & *fuiv.* 13. *v. in* 4.

Extraits des Actes de Rymer, par le même. *Amft.* 1728. *in* 4.

Remarques fur l'Hift. de Rapin Thoyras, par Tindal. *La Haye* 1733. 2. *v. in* 4.

Révolutions d'Angleterre fous Charles II. & Jacques II. trad. de l'Anglois de Burnet. *La Haye* 1725. 2. *v. in* 4. *fig.*

Hift. de M. de Thou, trad. *Lond.* 1734. 16. *v. in* 4.

Principes, Meditations, & Lettres de Defcartes. 5. *v. in* 4.

Oeuvres pofthumes de Rohault. *in* 4.

N°. 56.

Defcription de l'Univers, par Mallet. 5. *v. in* 8. *fig.*

Traité de la Meffe de Paroiffe, par le Tourneux. *in* 8.

Le Brun fur la forme de la confecration de l'Eu-chariftie, contre Bougeant. *in* 8.

Liturgie de l'Eglife Anglicane, trad. *Lond.* 1719. *in* 8.

Inftructions de S. Dorothée, trad. par l'Abbé de la Trappe. *in* 8.

Cité de Dieu de S. Auguftin, trad. par Lombert. 2. *v. in* 8.

Lettres choifies de S. Jerome. *in* 8.

Thomaffin des Fêtes de l'Eglife. *in* 8.

Le même des Jeunes. *in* 8.

Le même de l'unité de l'Eglife. 2. *v. in* 8.

Le même de la Verité & du Menfonge, des Jua-remens & des Parjures. *in* 8.

Traité fur la Doctrine de Bains, & fur les Bulles qui l'ont condamnée. 1739. 2. *v. in* 12.

Traité fur la Bulle *Unigenitus.* 1738. 2. *v. in* 12.

Sermons de Dom Jerome. *Liege* 1738. 4. *v.* in 12. 4 · 0

Le vrai Devot en toutes sortes d'Etats. *Par.* 1679. in 8. 1 · 0

Agneau Paschal. *Cologne* 1686. *in* 8. 1 · 10

Traité de la veritable Religion, par de la Chambre. *Par.* 1737. 5. *v.* in 12. 6 · 0 *double*.

Sherlock de l'usage & des fins de la Prophétie, trad. par le Moine. *Amst.* 1729. *in* 8. 2 · 0

Sherlock de l'immortalité de l'Ame & de la Vie eternelle, trad. *Amst.* 1708. *in* 8. 2 · 10

Plaidoyers d'Erard. *in* 8. 1 · 0

Elemens de Botanique, par Tournefort. *Imp. R.* 1694. 3. *v.* in 8. *fig.* 50 · 0

Anciennes Relations des Indes & de la Chine, trad. par Renaudot. *in* 8. 1 · 10

Voyage de la Riviere des Amazones, par M. de la Condamine. *in* 8. *br.* 1 · 0

Memoires de Vargas touchant le Concile de Trente, trad. par le Vassor. *Amst.* 1700. *in* 8. 2 · 0

Retraite des dix mille de Xenophon, trad. par d'Ablancourt. *in* 8. 1 · 0

Hist. du Gouvernement de Venise, par Amelot de la Houssaie ; avec le Suplément. *in* 8. 1 · 0
Vita Castellani, cum notis Baluzii. *in* 8.

N°. 57.

Breviarium Parisiense. *Par.* 1736. 4. *v.* in 4. 20 · 0

Idem. *Par.* 1745. 4. *v.* in 8. *mar.* 24 · 0

N. Testament, trad. avec des notes, (par M. Mezanguy.) *Par.* 1752. 3. *v.* in 12. *br.* 3 · 0

Les Ascetiques de S. Basile, trad. par Hermant. *in* 8. 2 · 0

Tractatus de Ecclesia, auctore D. le Gros. *MS.* 2. *v.* in 4. 3 · 0

Reglement des Clercs de la Paroisse de S. Germain l'Auxerrois. *MS.* in 4. 0 · 10

Science du Salut tirée des Essais de Nicole. *in* 1·0
12, *br.* 1·0

Instruct. sur les états d'Oraison, par M. Bossuet. 1·4
in 8. 1·0

Divers Ecrits du même sur le Livre de M. de 1·0
Cambray. *in* 8. 1·0

L'Alcoran de Mahomet, trad. par du Ryer. *in* 1·10
4. 1·10

Abregé de l'Hist. Ecclesiastique. *Par.* 1651. 2. 5·7
v. in 8. 4·0

Vie de M. de Buzanval Evêque de Beauvais. *in* 1·17
12. 1·0

Hist. de la Reformation de l'Eglise d'Angleterre, 7·8
trad. de Burnet. *Amst.* 1687. 4. *v. in* 12. *fig.* 6·0

Memoires pour l'Hist. de l'Europe, par d'Avri- 5··
gny. 4. *v. in* 12. 4·0

Hist. de Suger, par Gervaise. 3. *v. in* 12. 2·0   5··

Le Siecle de Louis XIV. par de Francheville, 4·14
(M. de Voltaire.) 2. *v. in* 12. 2·0 *double* 2·2

Hist. de Louis XIV. *Bruxel.* 1752. *in* 12. 1·10   2·0

Memoires de Madame de Nemours. *in* 12. 1·0   1·6

Memoires du Marquis de la Fare. *in* 12. 0·10   0·12

Etablissement des Bretons dans les Gaules, par 2·14
de Vertot. 2. *v. in* 12. 2·0

Porphyre de l'abstinence de la chair des Ani- 1·9
maux, trad. avec la Vie de Porphyre & celle
de Plotin; par M. de Burigny. *in* 12. 1·10

Traité des Renoncules, par le P. d'Ardene. *Par.* 5·0
1746. *in* 8. *fig. br.* 2·0

Fables en vers, par Pesselier. *in* 8. *br.* 1·0   1·5

Vitæ & Numismata Imperatorum. *in* 12. 0·10   1·2

Memoire sur la Ville souterraine d'Herculanum. 1·7
Par. 1748. *in* 8. *br.* 0·10

Hist. de Tullie fille de Ciceron. *in* 12. *br.* 0·10   0·12

Vie d'Edmond Richer, par Baillet. *in* 8. 1·0   1·4

Vie de l'Abbé de Choisy. 1748. *in* 8. *br.* 1·0   1·16

Nᵒ. 58.

4 · 11 Hift. de l'ancien Gouvernement de la France ?
  par le Comte de Boulainvilliers. 3. v. in 8. ? · o

6 · 1 Hift. de France, (par Chalon.) 3. v. in 12. 4 · o

4 · o Hift. de France, par l'Abbé Velly. 1755. 2. v.
  in 12. o · o

2 · 11 Hift. des Templiers, par Dupuy. *Holl.* in 12. 1 · 10

1 · 19 Demêlez de Boniface VIII. avec Philippe le Bel.
1 · 8   par Baillet. *in* 12. 1 · o *Double.*

7 · 5 Hift. de Louis XI. par M. Duclos. 4. v. in 12. 5 · o

20 · 5 Journal du Regne de Henry III. *La Haye* 1744.
  5. v. in 8.

  Journal du Regne de Henry IV. *La Haye* 1741.
  4. v. in 8. 20 · o

1 · 15 Hift. de Henry IV. par M. de Perefixe. *in* 12. 1 · o

10 · o Memoires de Sully, avec les remarques de l'Ab-
  bé de l'Eclufe. 8. v. in 12. 10 · o

2 · 10 Hift. de Louis XIV. par Pelliffon. 3. v. in 12. br. o · o

o · 5 Hift. de Louis XIV. par de Larrey. 9. v. in 12. 9 · o

8 · 15 Hift. de Louis XIV. par Reboulet. 8. v. in 12. 8 · o

2 · 11 Etat de la France. *Par.* 1736. 6. v. in 12. 5 · o

Nᵒ. 59.

4 · o Abregé de l'Hift. de l'Eglife, par du Pin. 4. v.
  in 12. 4 · o

15 · 10 Hift. de l'Eglife, par l'Abbé de Choify. 11. v.
  in 12. 11 · o

2 · 10 Differtation fur l'Hift. Ecclefiaftique de Paris,
  par M. Lebeuf. *in* 12. 1 · 10

2 · 14 Etat préfent de l'Eglife Grecque & de l'Eglife Ar-
  menienne, trad. de Ricaut. *in* 12. 1 · o

6 · 6 Hift. des Conciles, par Hermant. 4. v. in 12. 4 · o

1 · o Hift. des V. & VI. Conciles Generaux. 2. v. in 12. 1 · o

7 · 6 Hift. des Religions du Monde, par Jovet. 6. v.
  in 12. 6 · o

8 · o Hift. des Ordres Religieux, par Hermant. 4. v.
  in 12. 4 · o

Hift. des Ordres Militaires, par le même. 2. v. *2·19*
  in 12. *2·10*
Hift. de l'Ordre de Malthe, par de Vertot. 5. v. *8·0*
  in 12. *6·0*
Hift. des Herelies, par Hermant. 4. v. in 12. *6·10*
Hift. des Flagellans, trad. de Boileau. *in* 12. ⎱ *2·0*
Critique de l'Hift. des Flagellans, par Thiers.⎰
  in 12. *2·0*
Hift. du Schifme d'Angleterre, trad. de Sande- *1·11*
  rus, par Maucroix ; avec les Vies des Cardi-
  naux Polus & Campege. 2. v. in 12. *1·10*
N°. 60.
Hiftoire Eccléfiaftique de Fleury. *Bruxel. & Par.* *76·0*
  36. v. in 12. *72·0*
Biblia Latina. *Par. Leonard.* 7. v. in 24. *7·0*   *7·12*
N. Teftament. Lat. *Par. è Typ. R.* 1649. 2. v. *in* *8·0*
  12. *mar.* *4·0*
Heures de P. R. Lat. & Franç. *in* 16. *avec fer-* *3·0*
  moirs d'argent. *3·0*
Miffel de Paris, Lat. Franç. *Par.* 1739. 4. v. *in* *16·0*
  12. *mar.* *12·0*
Breviarium Parifienfe. *Par.* 1736. 4. v. in 12. *16·0*
  mar. *12·0 Double veau·* *12·12*
4· Diurnale Parifienfe. *Par.* 1745. 2. v. in 12. mar. *7·0*
Diurnal de Paris, Lat. Franç. *Par.* 1736. 3. v. *12·2*
  in 12. mar. *12·0*
L'Office de la Nuit & de Laudes, Lat. Franç. *20·12*
  Par. 1738. 8. v. in 12. *15·0*
Le Graduel & l'Antiphonier de Paris, en Latin, *18·10*
  avec la note. *Par.* 1738. 8. v. in 12. *12·0*
S. Auguftini Meditationes, Soliloquia & Manua- *1·16*
  le. *Colon. Egmond* 1637. in 8. *1·0*
De Imitatione Chrifti. *in* 18. *0·10*   *1·0*
Introd. à la Vie devote. *in* 24. *0·10*   *6·12*
Sentimens de piété, par Cheminais. *in* 24. *0·15* *1·0*
Conduite pour la Confeffion & Communion, de *0·15*
  M. de Noailles. *in* 18. *0·10*

1·16 Du Guet de la Priere publique. *in* 16. 1·0

1·11 Cinq vol. reſtans de peu de valeur. *in* 12. & *in* 24. 1·10

No. 61.

12·0 Lettres de Morale & de Piété, par du Guet. 10. *v. in* 12. 10·0

1·10 Opuſcules importans du même. *Utrecht* 1737. *in* 12. 1·10

1·10 Explication de l'Ouvrage des VI. Jours, par le même. *in* 12. 1·0

1·7 Explication des Caracteres de la Charité, par le même. *in* 12. 1·0

3·0 L'Office du S. Sacrement, Lat. Franç. avec la Tradition. 2. *v. in* 12. 3·0

4·0 Medit. ſur la Concorde Evangélique, (par le Gros.) 3. *v. in* 12. 4·10

2·0 Prieres Chrétiennes, (par Queſnel.) 2. *v. in* 12. 2·0

3·19 Priere à J. C. & Réfléxions ſur les Vérités Chré-
1·2 tiennes. *in* 12. 1·0

2·0 Explication de la Meſſe, par M. Boſſuet.......
Sentimens de l'Abbé de S. Cyran ſur l'Oraiſon mentale.... Vie de la Palatine de Baviere Ab-beſſe de Maubuiſſon.... Inſtruction ſur la mort du Frere Climaque. *in* 12. 1·10

5·1 Oeuvres ſpirituelles de l'Abbé de S. Cyran. 4. *v. in* 12. 4·0

1·0 Imitation trad. *in* 16. 0·10

1·4 Le Verbe incarné. 1745. 2. *to.* en 1. *v. in* 12. 1·0

0·16 Méthode de Pénitence, par Huygens. *in* 12. 1·0

0·16 Exercice du Pénitent. *in* 16. 0·12

0·16 Les trois Conſécrations. *in* 16. 0·12

1·2 Elevation ſur la Paſſion, (par Queſnel.) *in* 16. 0·15

1·2 Inſtruction pour les Sacremens de Pénitence & d'Euchariſtie, (par Treuvé.) *in* 12. 1·0

2·0 Régles pour vivre chrétiennement dans le Maria-ge. *in* 12. 1·0

Sentimens-de-piété, (par M. de Fenelon.) *in* 12.

Egaremens des Hommes dans la voie du Salut,
   par l'Abbé de Villiers. 3. *v. in* 12.

Idée de la Religion Chrétienne, *in* 12.

Suite du N°. 61.

Tendres Sentimens d'un cœur envers Dieu, tirés
   des Confeſſions de S. Auguſtin. *in* 16.

Guide du Chemin du Ciel , trad. du Card. Bona.
   in 16.

Conſtitutions de P. R. *Mons* 1665. *in* 12.

Meditat. ſur S. Paul aux Romains. *Par.* 1735.
   2. *v. in* 12.

Le bon Paſteur , trad. d'Opſtraet , par Hermant.
   2. *v. in* 12.

Diſcours ſur la Vie Eccléſiaſtique, par Lambert.
   2. *v. in* 12.

Perfection de l'Etat Eccléſiaſtique. *Lyon* 1747.
   2. *v. in* 12.

Principes de la Perfection Chrétienne & Religieu-
   ſe. *Par.* 1748. *in* 12.

Lettres de l'Abbé Boileau ſur des ſujets de Mo-
   rale & de Piété. 2. *v. in* 12.

Image d'une Religieuſe parfaite. *in* 12.

Directeur ſpirituel pour ceux qui n'en ont point ,
   (par Treuvé.) *in* 12.

Deux Retraites de dix jours. *in* 12.

Retraite Eccléſiaſtique , (par Tiberge.) 2. *v. in*
   12.

Conduite des Confeſſeurs dans le Tribunal de la
   Pénitence. *Par.* 1747. *in* 12.

Réfléxions des SS. PP. ſur l'Euchariſtie. *in* 12.

Catechiſme hiſtorique de Fleury. *in* 12.

Cantiques ſpirituels ; avec la note. *Par. Lottin,*
   1732. *in* 12.

Penſées Chrétiennes. *in* 24.

Epîtres & Evangiles, avec des réfléxions. *in* 16.

1·4 Maniere d'entendre la Messe, par le Tourneux. in 16. 0·15

1·2 De l'honneur dû à Dieu dans ses Saints. in 12. 0·10

2·5 Le Chemin de l'Amour divin, (par M. Grisel.)
2·0   in 12. 1·10 *double*.

1·4 Mœurs des Israelites, par Fleury. in 12. 1·0

1·19 Mœurs des Israelites & des Chrétiens, par le
   même. 2. v. in 12. 1·10

1·15 Bonheur de la Mort chrétienne, (par Quesnel.)
   in 12. 1·0

2·1 Avis d'une Mere à son fils, (par Mad. Lambert.)
   .... Des Sacremens de Pénitence & d'Eucha-
   ristie. ... Pratiques pour se disposer à la Mort.
   in 16. 1·0

N°. 62.

1·19 Devoirs des Prêtres, par M. Compaing. Par.
   1747. in 12. 1·10

1·0 Devoirs des Evêques, trad. de Louis de Grena-
   de. in 12. 1·0

24·19 L'Année Chrétienne, par le Tourneux. Par.
   1733. 12. v. in 12. 24·0

4·6 Morale du N. Testament, par le P. de la Neu-
   ville. 4. v. in 12. 4·0

3·8 Instructions sur le Symbole, par Lambert. 2. v.
   in 12. 3·0

3·0 Instruction pour les Dimanches & Fêtes de l'an-
   née, par le même. 2. v. in 12. 3·0

3·10 De la plus solide Dévotion, par Thiers. 2. v. in
   12.

5·5 { Entretiens sur les Evangiles, par D. Morel. 5. v.
      in 12.
     Entretiens avec J. C. dans le S. Sacrement, par
      le même. in 12. 5·0

1·1 Instruction pour la premiere Communion. 1739.
   in 12. 1·0

1·1 Pratique de Pénitence, par Habert. in 12. 1·0

Du

Du Guet de la Priere publique. *in* 12. 1. 0   2.2

Conduite d'une Dame Chrétienne, par le même. 1.0
  in 12. 1.0

Instruction de la Jeunesse, par Gobinet. *in* 12. 1.10

Retraite sur les Vérités du Salut. 2. *v. in* 12. 2 1.4

Réfléxions sur les Défauts d'autrui, par l'Abbé 2.12
  de Villiers. 2. *v. in* 12. 2.0

Réfléxions sur des endroits choisis des Evangiles, 1.0
  (par du Puis Professeur.) *in* 12. 0.12

Principes de la Vie Chrétienne, trad. du Card.
  Bona, par Cousin. *in* 12. 1.0   } 1.8

Régles de la Vie Chrétienne, par le Tourneux.
  in 16. 1.0

Science du Salut, tirée des Essais de Nicole. *in* 1.12
  12. 1.0

Exercices sur les Sacremens de Pénitence & d'Eu- 1.10
  charistie. *in* 12. 0.10 *double* 0.15

Pratique des Exercices de piété. *in* 12. ---------- } 1.8

Manuel Chrétien. *in* 16. 1.0 ----------

Imitat. trad. par de Bonnaire. *in* 16. 1.0 --- 1.4

Conduite Chrétienne, par l'Abbé de la Trappe. 0.12
  in 12. 1.0

Dévotion à la Sainte Vierge, par Baillet. *in* 12. 1.5

Maximes Chrétiennes, par l'Abbé de S. Cyran. 1.1
  in 12. 0.10

Principes & Sentimens de Pénitence. *in* 12. 0.10 0.12

Conduite pour la Confession & Communion. *in* 1.4
  16. 1.0

Pratiques pour la première Communion. *in* 16. 1.4

Conduite pour l'Anniversaire du Batême. *in* 16. 0.15

Confiance en la Miséricorde de Dieu. *in* 12. 0.19

2. Vie de S. Charles, par M. Godeau. 2. *v. in* 12. 2.12

3. Vie de M. Pavillon Evêque d'Alet. 3. *v. in* 12. 4.19

Quatre vol. restans, de peu de valeur. *in* 12. & 1.10
  in 24. 1.10

20·1 Differt. fur l'union de la Religion, de la Mora-
le, & de la Politique, tirées de Warburton.
Lond. 1742. 2. v. in 12. 0·0

1·11 Demonftration de la caufe des Divifions préfen-
tes. Avignon 1754. in 12. br. 0·10

2·4 Traité des refus de Sacremens. Avignon 1754.
2. v. in 12. br. 2·0

2·8 Remontrances du Parlement. 1753. in 12. br. 1·0

1·17 Autres Remontrances, avec la Tradition des faits,
& autres Piéces. 1753. in 12. br. 1·0

1·0 La même Tradition des faits. in 12. br. 1·0

2·10 Réponfe aux Obfervations contre le Châtelet. in
12. br. 1·10

1·19 Directions pour la Confcience d'un Roi, par M.
de Fenelon. La Haye 1747. in 8. 1·4

0·10 Loix Eccléfiaftiques tirées des feuls Livres Saints.
Par. 1753. in 8. br. 0·10

1·10 Origine de la grandeur de la Cour de Rome, &
de la nomination aux Evêchez de France, par
de Vertot. La Haye 1737. in 12. br. 1·10

1·15 Réponfe aux Lettres contre l'Immunité des Biens
Eccléfiaftiques, (par M. Durant.) 1750. 2. v.
in 12. br. 1·0

4·0 L'Efprit des Loix quinteffencié. 1751. 4. v. in
12. br. 2·0

9·16 Les Inftitutes de Juftinien, Lat. Franç. avec des
obfervations, par de Ferriere. 6. v. in 12. 6·0

1·0 Grolleau Examen Inftitutionum. in 12. 0·10

3·4 Inftitution au Droit François, par Argou. Par.
1730. 2. v. in 12. 3·0

1·17 Code Penal. Par. 1752. in 12. 1·10

0·16 Expofition du Plan du Roi de Pruffe pour la ré-
fo mation de la Juftice.... Memoires pour
l'Hift. de Brandebourg. in 12. br. 0·10

2·10 Du Gouvernement civil, trad. de l'Anglois de
Loke. in 12. 1·0

Discours sur le Gouvernement, trad. de Sidney, 8 · 0
  par Samson. *La Haye* 1702. 3. *v. in* 12. 6 · 0
Oeuvres de Machiavel, trad. 2. *v. in* 12. } 9 · 0
Le Prince, du même, trad. nouvelle. *in* 12. }
Politique du Chancelier Bacon, trad. *Lond.* 5 · 1
  1740. *in* 12. 1 · 10
L'Utopie de Thomas Morus, trad. par Gueude- } 2 · 1
  deville. *Amst.* 1730. *in* 12. *fig.* 2 · 0 } 1 · 14
Vie de Socrate, trad. de l'Anglois. *Amst.* 1751. }
  in 12. br. 1 · 10 } 1 · 11
Dialogues Socratiques, ou Entretiens de Mora- }
  le. 1755. *in* 12. br.
Le Droit Politique, par Burlamaqui. *Amst.* 1751. 2 · 10
  2. *v. in* 8. br. 2 · 0
Testam. politique du Card. Alberoni. *Lausan-* 1 · 10
  ne 1753. *in* 12. br. 1 · 10
Suite du N°. 63.
Essai sur la nature du Commerce, trad. de l'An- 2 · 1
  glois. *Lond.* 1755. *in* 12. 1 · 10
Essai politique sur le Commerce, (par Melon.) 2 · 9
  1736. *in* 12. 1 · 10
Elemens du Commerce. *Leyde* 1754. 2. *v. in* 2 · 12
  12. br. 2 · 0
Discours politiques, trad. de l'Anglois de Hume. 2 · 12
  Amst. 1754. 2. *v. in* 12. br. 2 · 0
Le Négociant Anglois, trad. de l'Anglois. *Dresd-* 4 · 15
  de 1753. 2. *v. in* 12. 2 · 0
Hist. & Commerce des Colonies Angloises dans 2 · 15
  l'Amérique. *Lond.* 1755. *in* 12. br.
Rétablissement des Manufactures & du Commer- 2 · 1
  ce d'Espagne, trad. de l'Espagnol de Ulloa.
  1753. *in* 12. 2 · 0
Considérations sur les Finances d'Espagne. *Dresd-* 2 · 0
  de 1753. *in* 12. 1 · 0
Tableau du Gouvernement de l'Empire d'Alle- 1 · 0
  magne, trad. de Schmauss. *Par.* 1755. *in* 12.
  br. 1 · 0   L ij

Essai historique sur l'état des Finances de France, par M. Deon de Beaumont. 1753. *in* 12. br.

Hist. de la Pairie de France, & du Parlement de Paris. *Londres* 1753. *in* 12.

Lettres historiques sur le Parlement. *Amst.* 1753. & 1754. 2. *v. in* 12. br.

Hist. du Droit Canonique, par Doujat. *in* 12.

Hist. du Droit Canonique, & du Gouvernement de l'Eglise, (par Brunet.) *in* 12.

Institution au Droit Ecclésiastique, par Fleury. 2. *v. in* 12.

Anecdotes ecclésiastiques sur la Police & Discipline de l'Eglise, tirées de l'Hist. de Naples de Giannone. *Amst.* 1738. *in* 8.

Autorité & Infaillibilité des Papes, par Petitdidier. *in* 12.

Les Droits des Souverains défendus, par Frà Paolo, en Italien & en François. *La Haye* 1721. 2. *v. in* 12.

La Souveraineté des Rois défendue, (par Quesnel.) *in* 12.

Traité des Bénéfices, trad. de Paolo Sarpi, par Amelot de la Houssaie. *in* 12.

Hist. des Revenus Ecclésiastiques, par Acosta (R. Simon.) 2. *v. in* 12.

Du Gouvernement des Diocéses en commun, (par Drapier, Curé de S. Sauveur à Beauvais.) *in* 12.

Traité historique des Excommunications, par du Pin. 2. *v. in* 12.

Institution au Droit Ecclésiastique de France, par Bonel & de Massac. *in* 12.

Grotius du Pouvoir du Magistrat politique sur les choses sacrées, trad. *Lond.* 1751. *in* 12. br.

Autorité des Rois touchant l'administration de 0.15
l'Eglise, par M. Talon, (ou plutôt par le
Vayer de Boutigny.) *in* 12.

Le même Livre : nouv. édition conforme au Ma- 2.10
nusc. de l'Auteur. *Lond.* 1753. *in* 12.

Autorité du Roi touchant l'âge de la Profession 0.10
Religieuse, (par le Vayer de Boutigny.) *in*
12. 0.10

Observat. sur l'Edit de la Jurisdiction Ecclésias- 5.12
tique, par du Perray. *Par.* 1741. 2. *v. in* 12.

Justification des Usages de France sur les Maria- 1.0
ges, par le Merre. *in* 12. 1.0

Discours du Citoyen de Geneve (M. Rousseau;) 2.2
avec la Réfutation, & autres Piéces. *in* 8. 2.0

Causes célébres. 19. *v. in* 12. *manq. le to.* 6. 24. 30.0

Pensées du Comte d'Oxenstirn. 2. *v. in* 12. 2.0 4.1

Trois vol. restans, de peu de valeur. *in* 12, & *in* 2.19
16. 1.10

No. 64.

Tradition de l'Eglise sur le Mariage, par Gibert. 11.0
Par. 1725. 3. *v. in* 4. 12.0

Traduction expliquée de la Bible jusqu'au II. li- 4.0
vre d'Esdras inclusivement. *MS.* 4. *v. in* 4. 6.0

L'Apocalypse expliquée, par M. Bossuet. *in* 8. 3.0

Réponse à la Perpétuité de la Foi. 1665. *in* 8. 0.15

Réponse de Claude à la Perpétuité de la Foi. 1670. 2.8
in 4. 2.0

Actes de la Conference entre Bochart Ministre
de Caen, & François Veron. *Saumur* 1630.
2. to. en 1. *v. in* 8.

Altération du Dogme sur la Trinité, par les Scho-
lastiques, par Faydit. *in* 12. 1.0

Réfutation du Systéme de Faydit sur la Trinité, 5.0
par Hugo. *in* 8. 4.0

Apologie du Systéme de la Trinité, contre le P.
Hugo, par Faydit. *in* 8.

Réponse à l'Apologie de Faydit, par le même Hugo. *in* 8.

0.10 Discours des Saints Suaires de N. S. trad. du Latin de Chifflet. *in* 8. 0.10

7.5 Volkelius de verâ Religione, & Crellius de Deo. *in* 4. 6.0

1.0 Synodicon Ecclesiæ Parisiensis, auctoritate D. de Harlay editum. *in* 8. 0.12

1.7 Traité sur le Chant ecclésiastique, par M. Lebeuf. *in* 8. 1.0

1.10 Traité des Loix contre les Hérétiques, avec un Discours contre la Persécution, trad. de l'Anglois. *Geneve* 1755. *in* 8. *br.* 1.10

1.0 Discours contre la Transubstantiation, trad. de Tillotson par Barbeyrac. *in* 8. *br.* 0.10

25.0 Collection de Piéces Académiques, par Berryat, *Dijon* 1754. & 1755. 5. *v. in* 4. *fig. br.* 25.0

2.6 Grammaire Hébraïque, par l'Abbé Ladvocat. *in* 8. *br.* 1.0

4.15 Diction. d'Ortographe Françoise. *Poitiers* 1747. *in* 8. 5.0

5.5 Théatre de P. & T. Corneille. *Rouen* 1660. 5. *v. in* 8. 2.10

Suite du N° 64.

25.0 L'Hist. Naturelle éclaircie dans la Lithologie & la Conchyliologie, & l'Oryctologie, (par M. d'Argenville.) *Par.* 1742. & 1745. 2. *v. in* 4. *fig. G. P.* 20.0

22.14 Hist. naturelle des Oiseaux, trad. de l'Anglois 72 d'Albin. *La Haye* 1750. 3. *v. in* 4. *fig. color.*

25.0 Hist. naturelle d'Oiseaux peu communs, & d'autres Animaux rares, représentés en 210. planches, par George Edwards : 3°. & 4°. *parties. Lond.* 1751. *in* 4. *fig. br.* 24.0

5.0 Systéme naturel du Régne Animal, suivant la méthode de Linnæus, de Klin, & d'Artedi.

Par. 1754. 2. v. in 8. fig. br. 4. o

Hist. des Insectes, par Swammerdam. *Utrecht* 6. 1
1682. in 4. fig. 3. o

Traité des Diamans & des Perles, par David Jef- 1. 4
fries. *Par.* 1753. in 8. fig. br. 1. o

Traité sur la Jacinte, par George Voorhelm. *Har-* 1. 10
lem 1752. in 8. br. o. 10

Parallele de l'Expédition d'Alexandre dans les In- o. 10
des, avec la Conquête de Thamas-Kouli-Chan,
par M. de Bougainville. in 8. br. o. 10

Table des Archevêchez, Evêchez & Prieurez de o. 12
nomination royale, par Antoine. in 8. br. 1. o

Vie du B. Card. de Luxembourg. in 12. o. 10 o. 14

Réfutation du Celse moderne, ou Objections 1. o
contre le Christianisme, avec des Réponses.
Luneville 1752. in 8. br. 1. o

Nouvelles Fontaines domestiques, par M. Amy. o. 10
in 12. br. o. 10

Recueil de Piéces de Théatre modernes. 14. v. in 14. 3
8. & in 12. 12. o

N°. 65.

Principes solides sur les Véritez les plus impor- 4. 4
tantes de la Religion. *MS.* in 4. 2. o

Pensées détachées sur les Vérités les plus intéres- 5. o
santes de la Religion. *MS.* 1752. in 4. 3. o

Pensées détachées sur les Devoirs des Ministres 5. 2
de J. C. *MS.* 1745. in 4. 3. o

Pensées pieuses pour le tems de Maladie. *MS.* 1. 11
in 4. 2. o

Job, trad. avec des notes, par Crinsoz. *Rotterd.* o. 17
1729. in 4. 1. o

Origéne contre Celse, trad. par Bouhereau. 1700. 5. 1
in 4. 2. o

Pratique de la Jurisdiction Ecclésiastique, par 12. 19
Ducasse. *Toulouse* 1718. in 4. 3. o

Principes d'Architecture, Sculpture & Peinture, 8. o
par Felibien. *Par.* 1676. in 4. fig. 4. o

Maniere de bien penser, par Bouhours. *in* 4. 2. 0

Rollenhagii Emblemata, cum figuris Crispiani Passæi. 2. v. *in* 4. 1. 10

Vie de S. Cyprien, (par de Villefore.) *Par.* 1717. *in* 4. 2. 10

Mabillonii Præfationes, Actis SS. Ord. S. Benedicti præfixæ. *Rothom.* 1732. *in* 4. 3. 0

Mem. de Commines, avec des additions & des notes; par Lenglet. 1747. 4. v. *in* 4. 20. 0

Hist. de l'Isle de S. Domingue, par de Charlevoix. *Par.* 1731. 2. v. *in* 4. *fig.* 12. 0

Recueil d'Antiquitez Égyptiennes, Etrusques, Grecques & Romaines, par le Comte de Caylus. *Par.* 1752. 2. v. *in* 4. *fig.* 10. 0

Apologie de l'Abbé de Prades, en 3. parties. *Amst.* 1752. *in* 8. 3. 0

Réponse à la Conférence de M. Bossuet avec M. Claude. *in* 12. 1. 0

Hist. des Capitulaires des Rois de France, où Preface de M. Baluze, trad. du Latin. *La Haye* 1755. *in* 12. br. 1. 0

Essai sur la Police des Grains. *Berl.* 1755. *in* 12. br. 1. 0

Virgile, trad. avec des remarques, par des Fontaines. *Par.* 1743. 4. v. *in* 8. *fig.* G. P. 16. 0

Rome ridicule, par de Saint-Amant. *in* 8. 0. 10

La Religion, Poëme de M. Racine. *Par.* 1742. *in* 8. G. P. 2. 10

Oeuvres de Chaulieu & de la Fare. *Lond.* 1740. 2. v. *in* 8. 3. 0

La Ligue, Poëme de M. de Voltaire, avec des remarques. *Geneve* 1723. *in* 8. 1. 0

Principes de la Morale & du Goût, trad. de Pope, en vers, par l'Abbé du Resnel. *in* 8. 1. 10

Eclaircissemens sur l'Hist. Ecclésiastique des deux premiers siécles, (par Faydit.) *in* 8.

Hist. de la Mission Danoise dans les Indes Orient. trad.

trad. de l'Allemand de Niecamp. Geneve 1745.
2. v. in 8.   3 . 0

Memoires de Mad. de Staal. 3. v. in 12. br.   4 . 4

Abregé de l'Hist. d'Angleterre, trad. de l'Anglois   4 . 10
   de Salmon. Par. 1752. 2. v. in 8.   3 . 0

Lettres fur le Patriotifme, trad. de l'Anglois.   0 . 17
   Lond. 1750. in 8. br.   1 . 0

Oeuvres de la Mothe le Vayer ; avec l'Hexamé-   18 . 1
   ron ruftique, & les Dialogues d'Oratius Tu-
   bero. 17. v. in 12.   12 . 0

Geographie, trad. du Latin de Varenius. Par.   6 . 0
   1755. 4. v. in 12. fig. br.   4 . 0

Analyfe de la Philofophie de Bacon. Par. 1755.   4 . 0
   2. v. in 12. br.   2 . 0

N°. 66.

Parrhafiana, (par le Clerc.) Amft. 1701. 2. v.   0 . 15
   in 12.   2 . 0

Décaméron de Bocace, trad. par le Maçon. in 8.   2 . 0

Petrone, trad. par Nodot. 2. v. in 12. fig.   1 . 10

Les quinze Joyes de Mariage. La Haye 1726.   0 . 0
   in 12.   1 . 10

Poliffoniana. in 12.   1 . 0   1 . 15

Lettres de Ninon Lenclos. 2. v. in 12. br.   } 4 . 8
Vie de Mlle. Lenclos. in 12. br.   3 . 0

Lettres d'une Peruvienne, (par Mad. de Graffi-   1 . 18
   guy.) in 12.   1 . 10

Critique de M. Rollin, (par Bellenger. Amft.   12 . 0
   1740. & 1741. 2. v. in 12.   4 . 0

Hift. de la Vie & des Ouvrages de la Croze, par   3 . 0
   Jordan. Amft. 1741. in 12.   1 . 10

Eclaircilfemens de Faydit fur l'Hift. Eccléfiafti-   1 . 11
   que. in 8.   1 . 0

Traité du Pouvoir des Rois d'Angleterre, trad.   1 . 12
   de l'Anglois. Amft. 1714. in 8. 1 . 10   3 . 10

La Voix libre du Citoyen, ou Obferv. fur le   2 . 0
   Gouvernement de Pologne. 1749. in 8. 1 . 10

Entretien d'un Européan avec un Insulaire du
Royaume de Dumocala. 1752. *in* 8.

Memorial Genealogique, ou Tableau des princi-
pales Cours de l'Europe, (par l'Abbé d'Estrées.)
Par. 1755. *in* 24.

Droits des Souverains, défendus par Frà-Paolo,
Italien & François. *La Haye* 1721. 2. *v. in*
12.

Dissert. sur le Droit des Curés. 1717. *in* 12.

Autorité du Roi touchant l'âge pour la Profession
Religieuse, par le Vayer de Boutigny. *Amst.*
1751. *in* 12.

Hist. du Droit Public Ecclésiastique François.
Lond. 1737. 2. *v. in* 8.

Principes du Droit Naturel, par Burlamaqui.
Geneve 1748. *in* 8.

Principes du Droit Politique, par le même. *Amst.*
1751. *in* 8.

Recueil de Discours sur des matiéres importantes,
par Barbeyrac. *Amst.* 1731. 2. *v. in* 12.

Micromegas, de M. de Voltaire; avec une Hist.
des Croisades, & un Plan de l'Hist. de l'Esprit
humain. *Berlin* 1753. *in* 8. *br.*

Essais sur le genie & le caractere des Nations,
(par M. d'Espiard.) *Brux.* 1743. 2. *v. in* 12.

L'Esprit des Nations. *La Haye* 1753. 2. *to. en* 1.
vol. *in* 12.

Essai sur le Gouvernement Civil, selon les princi-
pes de M. de Fenelon. *in* 12.

Le Codicile d'or, de l'institution du Prince Chré-
tien, (par Claude Joly.) *in* 12.

Maximes pour l'Institution du Roi, par le même.
in 12.

Anti-Machiavel. *Amst.* 1747. 2. *v. in* 12.

Le Prince, de Frà-Paolo, trad. avec des notes.
Berlin 1751. *in* 12. *br.*

Projet d'une Verſion Françoiſe de la Bible, par
le Cene. *in* 8.

Le Sens litteral de l'Ecriture Ste. défendu par
Stackhouſe, trad. de l'Anglois. *La Haye* 1738.
3. *v. in* 8.

Epitre d'Ochin pour rendre raiſon de ſa foi &
doctrine, trad. de l'Italien. *MS. in* 8.

La Béatitude des Chrétiens, ou le Fleau de la Foi,
par Geoffroy Vallée. *MS. in* 8. *mar.*

La véritable Religion corrompue par les diſputes
des Theologiens, par de Loen. *Francfort* 1751.
2. *v. in* 8.

Réponſe à M. Boſſuet ſur la Communion ſous les
deux eſpéces, par Larroque. *in* 12.

Autre Réponſe au même Traité. *in* 12.

Réponſe à l'Expoſition de la Foi de M. Boſſuet.
in 12.

Deux Sermons de Daillé; avec ſa Vie. *in* 8.

Traité des Images, par Daille. *in* 8.

La Foi fondée ſur les Ecritures, par le même.
in 8.

Pratique de la Morale Chrét. trad. de l'Anglois
de Hammond. 1696. *in* 12.

Examen de l'Euchariſtie. *Rotterd.* 1683. *in* 12.

Du Moulin de la Meſſe. *in* 8.

Du Langage inconnu dans les Prieres & Service
public, par le même. *in* 8.

Recueil de Traitez touchant l'Euchariſtie. *Rotterd.*
1613. 2. *v. in* 12.

Jugement ſur les Méthodes d'expliquer la Provi-
dence & la Grace. *Rotterd.* 1686. *in* 12.

Traite des anciennes Cérémonies, par Porrée.
in 8.

Conformitez des Cérémonies modernes avec les
anciennes. *in* 12.

1·0 Sentimens d'Erafme conformes à ceux de l'Eglife Catholique fur les Points controverfés, par Richard. *in* 12.   1·0

0·10 Police de l'Eglife fur l'adminiftration de l'Euchariftie, par M. de l'Aubefpine. *in* 12. 0·10

Suite du N°. 66.

2·1 Expofition de la Doctrine Catholique. *Cologne* 1745. 2. *v. in* 12.   2·0

1·5 Inftruction theologique fur les promeffes faites à l'Eglife. *Utrecht* 1733. *in* 12.   1·0

1·5 Préparation à la Mort, par D. Morel. *Par.* 1738. *in* 12.   1·0

0·18 Traité des Indulgences & Jubilés. *Avignon* 1751. *in* 12.   1·0

4·19 Pfalterium & Libri Sapientiales, Latinè. *Elzevir* 1653. *in* 12. *mar.*   5·0

1·0 Pfalmi Latinè, ex verfione Vulgata & nova. *in* 24.

0·10 Pfalmi, ex verfione & cum argumentis Genebrardi. *in* 24.   1·0

1·6 Pfeautier Latin, diftribué fuivant le nouveau Breviaire de Paris. *in* 24.   0·10

2·11 Eucologe Latin, fuivant le nouveau Breviaire de Paris. *in* 24. *mar.*   1·10

2·0 Imitation, trad. par de Beuil (le Maiftre de Saci.) *in* 24. *mar.*   1·10

1·1 Deslyons contre le Paganifme du Roy-boit. *in* 12.   1·0

20·" L'Arbre de Probation, planté devant la tente d'Abraham, duquel on tire des houffines pour redreffer les errans, par de Lachau. *in* 8.   5·0

12·0 Le facré Mont d'Olivet, ou le Paradis de la Religion du Seraphique S. François, par l'Archer. *in* 12.   2·10

1·8·" Les doux Vols de l'Ame amoureufe de Jefus, exprimés en 50. Cantiques, par Opil... Le Defy de la Mort, par Sorbin. *in* 8.   5·0

93

La Violette de l'Ame, trad. de Raymond Sebon, par Blendecq. *in* 12.

La Poste Royale du Paradis, par Arnoulx. *in* 12.

Le facré Baume des playes de l'Ame fidéle, tiré de l'Anglois de Whatley. *in* 12.

Dévote falutation des Membres facrés du Corps de la glorieufe Vierge Mere de Dieu. *in* 16.

Les Allumettes du Feu divin, pour faire ardre les cœurs humains en l'Amour de Dieu, avec les Voyes de Paradis, par Pierre Doré. *in* 16.

Le Foüet des Paillards, par le Curé du Mefnil-Jourdain. *in* 12.

Cinq vol. reftans, *in* 8. & *in* 12.

No. 67.

Chofes mémorables de Socrate, trad. de Xeno-phon, par Charpentier. *in* 8.

L'Accord parfait de la Nature, de la Raifon, de la Révélation & de la Politique. *Cologne* 1753. *in* 12.

Liberté de Confcience refferrée dans des bornes légitimes. *Londres* 1754. 2. *v. in* 8. *br.*

L'Afiatique Tolerant. *Par.* (*Holl.*) *in* 8. *br.*

Mes Penfées, Qu'en dira-t'on ? (par M. de la Baumelle.) *Copenhague* 1751. *in* 12.

Suplément à mes Penfées. *Berlin* 1753. *in* 12. *br.*

Code de la Nature, ou le véritable Efprit de fes Loix. 1755. *in* 8. *br.*

Oeconomie de la Vie humaine, Ouvrage trad. fur la verfion Angloife du Manufcrit Indien d'un ancien Bramine. *Edimbourg* 1752.... Differt. fur les raifons d'établir ou d'abroger les Loix. .... Syftéme du vrai Bonheur, par M. Formey. *Utrecht* 1751. *in* 8.

Mélange Philofophique, par M. Formey. *Leyde*

1754. 2. *v. in* 12.

2 · · Le Philosophe Chrétien, ou Discours moraux, par le même. *Leyde* 1752. *in* 12.

3 · 4 Discours politiques sur Tacite, trad. de l'Anglois de Gordon. *Amst.* 1751. 3. *v. in* 12.

3 · 8 Devoirs de l'Homme & du Citoyen, trad. de Pufendorf, par Barbeyrac. *Trevoux* 1747. 2. *v. in* 12.

2 · 5 Le Politique du tems, traitant de la puissance & du devoir des Princes, & jusques où l'on doit supporter la tyrannie. 1650. *in* 12.

1 · 11 L'Homme considéré en lui même, par M. Coutan. *Par.* 1753. *in* 12.

2 · 12 Rééflexions critiques sur divers sujets. *Lond.* 1751. *in* 12.

4 · · La Philosophie du bon sens, par le Marquis d'Argens. *La Haye* 1747. 2. *v. in* 12.

3 · 0 Lettres d'un Sauvage dépaysé, (par le même.) *Amst.* 1738. *in* 8.

6 · 1 Lettres Iroquoises. 1752. 2. *to. en* 1. *v. in* 8.

2 · 2 Pensées sur la Religion, l'Eglise & le bonheur de la Nation, trad. de l'Anglois de Mandeville, par van Effen. *La Haye* 1722. 2. *v. in* 8.

9 · 3 Discours sur la Liberté de penser, trad. de l'Anglois de Colins ; avec la Lettre d'un Médecin Arabe. *Lond.* 1714. *in* 8.

1 · 10 Lettre sur l'Enthousiasme, trad. de l'Anglois. *La Haye* 1709. *in* 12.

3 · 5 Le Platonisme dévoilé, ou Essai touchant le Verbe Platonicien. *Cologne* 1700. *in* 8.

5 · 12 Les Mœurs, (par M. Toussaint.) 1748. *in* 8.

4 · 15 Alciphron, ou le petit Philosophe, (trad. de l'Anglois de M. Barclay Evêque de Cloin,) *La Haye* 1734. 2. *v. in* 12.

6 · 15 Essais sur la bonté de Dieu, la liberté de l'Homme, & l'origine du Mal, trad. de l'Anglois de

Chubb. *Amst.* 1732. *in* 12.

Traité de la Raison humaine, trad. de l'Anglois. *Amst. in* 12.

Conformité de la Foi avec la Raison, ou Défense de la Religion, contre Bayle, par Jaquelot. *Amst.* 1705. *in* 8.

Vérité & Inspiration des Livres Sacrés, par le même. *Rotterd.* 1715. *in* 12.

Le Christianisme raisonnable, tel qu'il est représenté dans l'Ecriture S. trad. de l'Anglois de Locke. *Amst.* 1731. 2. *v. in* 8.

Dissert. sur les Tremblemens de Terre, & les Eruptions de Feu, qui firent échouer le projet de l'Empereur Julien de rebâtir le Temple de Jérusalem, par M. Warburton. *Par.* 1754. 2. *v. in* 12.

Lettre pastorale contre le Fanatisme, par M. Stinstra, trad. du Hollandois. *Leyde* 1752. *in* 8.

De l'Incrédulité, par le Clerc. *Amst.* 1722. *in* 8.

Examen des fondemens & de la connexion de la Religion naturelle & de la révélée, trad. de l'Anglois de Sykes. *Amst.* 1742. 2. *v. in* 12.

Traité de la Foi & des devoirs des Chrétiens, trad. de Thom. Burnet. *Amst.* 1729. *in* 12.

Divers Traitez sur le Batême des Enfans. *Amst.* 1695. *in* 12.

De la Félicité de la Vie à venir, trad. de l'Anglois. *Amst.* 1700. *in* 8.

Suite du Nº. 67.

Les Témoins de la Résurrection de J. C. trad. de l'Anglois, avec une Dissert. sur les Ecrits de Woolston, par le Moine. *Par.* 1753. *in* 12.

La Religion Chrét. démontrée par la Conversion de S. Paul, trad. de l'Anglois de Lyttelton. *Par.* 1754. *in* 12.

Abregé des Controverses, par Drelincourt. *Rot-*

terd. 1719. *in* 8. *br.* 2 . 0

11 . 0 Lettres fur la Religion effentielle à l'Homme.
2 . *Londres* 1739. 4. *to.* en 2. *v. in* 8. 2 . 0

8 . 4 Préſervatif contre l'Ouvrage intitulé, Lettres fur
la Religion effentielle à l'Homme, par de Ro-
ches. *Geneve* 1740. 2. *to.* en 1. *v. in* 12. 2 . 0

7 . 12 Examen du même Ouvrage de la Religion effen-
tielle, trad. du Latin de Breitinguer. *Zurich*
1741. *in* 8. 2 . 0

2 . Doctrine Orthodoxe fur la Trinité, avec l'Exa-
men du Syſtéme de M. Mati. *Amſt.* 1734. *in* 8.

7 . Examen de la Religion dont on cherche l'éclair-
ciſſement de bonne foi, attribué a M. de Saint-
Evremond. *Trevoux* (*Holl.*) 1745. *in* 12. 1 . 10

2 . Confeſſion de Foi, conformément à l'Ecriture;
trad. du Latin. *Leyde* 1678. *in* 12. 1 . 10

12 . 0 Syſtéme des Anciens & des Modernes fur l'état
des Ames ſéparées des corps. *Amſt.* 1733. &
Lond. 1739. 2. *v. in* 12. 2 . 0

8 . 3 Swinden du Feu de l'Enfer, trad. par Bion. *Amſt.*
1728. *in* 8. 2 . 0

4 . Recueil de Traitez de MM. Leibnitz & Clarke
fur la Philoſophie & la Religion naturelle; en
Anglois. *Lond.* 1717. *in* 8. 2 . 0

9 . 15 Préſervatif contre l'Incrédulité & le Libertinage;
ou Lettres paſtorales de l'Evêque de Londres,
tiad. de l'Anglois par le Moine. *La Haye* 1732.
in 8. 2 . 0

8 . Traité de l'Athéiſme & de la Superſtition, trad.
du Latin de Buddeus, par Louis Philon. *Amſt.*
1740. *in* 8. 4 . 0

2 . 1 Veritez capitales de la Religion, par Plantier.
Geneve 1733. *in* 8. 2 . 10

2 . Pratique de la Morale Chrét. trad. de l'Anglois
de Hammond. *Amſt.* 1696. *in* 12. 2 . 0

Tombeau du Socinianiſme, (par Aubert de Ver-
ſé.) *in* 12.   Avis

Avis sur le Tableau du Socinianisme. (par Ja- 2.5
quelot.) 1690. *in* 8.   1.5

Préservatif contre l'Irréligion, par de la Touche 2.10
Boisnier. *La Haye* 1707. *in* 12. *br.*   1.0

Traité de la Conscience, par la Placette. *Amst.*
1695. *in* 12.
Traité de la Foi divine, par le même. *Cologne* 2.15
1697. *in* 12.   2.0

Traité de Pyrrhonisme de l'Eglise Romaine, par 5.8
le même, trad. du Latin par Chalaire. *Amst.* 5.8
1721. *in* 12.   1.10 *Double*.

Explication du Catéchisme de l'Eglise Anglicane, 2.4
trad. de l'Anglois de Clarke. *Amst.* 1737. *in* 8.

Défense du Catéchisme de Heidelberg, par Len- 1.11
fant. *Amst.* 1723. *in* 8.   1.10

Catéchisme de Drelincourt. *Londres* 1709. *in* 8. 2.1

De l'Exercice du Ministere sacré, par Ostervald. 2.2
Amst. 1737. *in* 8.   1.0

Catéchisme d'Osterva'd. *Amst.* 1747. *in* 8. 1.0 2.2

De l'état de l'Homme après le Péché, & de sa 2.12
Prédestination au Salut. *Amst.* 1684. *in* 12. 2.0

Entretiens de Théologie, sur la Grace, le Franc- 2.10
Arbitre, le Péché originel, & la Prédestination.
Amst. 1685. *in* 12.   1.10

Traité historique des Excommunications, par du 2.6
Pin. 2. *v. in* 12.   2.0

François II. Roi de France, (par M. Henault.) 1.10
1747. *in* 8. *br.*   0.15

Memoires pour l'Hist. de Brandebourg. 1751. & 2.10
to. en 1. *v. in* 8.   1.10

No. 68.

Autorité des Sens contre la Transubstantiation, 2.2
par la Placette. *Amst.* 1700. *in* 12.   1.0

Traité de la Justification, par le même. *Amst.* 1.4
1733. *in* 12.   1.0

Psychologie, ou Traité sur l'Ame, par M. Wolf. 2.5

N

Amst. 1745. *in* 12.

2.18 Réfléxions sur l'Immortalité de l'Ame, trad. de l'Allemand (de M. Reinbeck, par M. Formey.) *Amst.* 1744. *in* 12. 1.0

2.10 Moyen de plaire à Dieu sous l'Evangile, trad. de M. Hoadly Evêque de Bangor, par Ricotier. *Amst.* 1720. 2. *v. in* 8. 2.10

2.2 Le même M. Hoadly du Sacrement de la Céne, trad. de 'Anglois. *La Haye* 1741. *in* 8. 1.5

2.2 Traitez de l'état primitif de l'Episcopat & des Liturgies, trad. de l'Anglois de Clarkson. *Rotterd.* 1716. *in* 8. 1.5

2.11 Traité de la Transubstantiation. *Londres* 1686. *in* 12. 1.0

2.8 Etat de l'Homme dans le Péché originel. 1731. *in* 12. 1.0

0.2 Tolerance mutuelle entre les deux Communions Evangélique & Réformée. *La Haye* 1698.... Conversations où l'on fait voir la Tolerance que les Chrétiens doivent avoir les uns pour les autres. 1687. *in* 12. 1.0

1.11 Le Protestant pacifique, contre Jurieu, par de la Guitonniere. *Amst.* 1684. *in* 12. 1.0

0.18 L'Avocat des Protestans, (par Aubert de Versé.) *Amst.* 1686. *in* 12. 0.15

4.6 Lettres sur les vrais Principes de la Religion. *Amst.* 1741. 2. *v. in* 12. 2.0

2.7 Excellence de la Religion, par Bernard. *Amst.* 1714. 2. *v. in* 8. 2.0

2.2 Lettres critiques sur des Ecrits contraires à la Religion & aux Mœurs. *Lond.* 1751. *in* 8. 1.5

1.0 Régle de la Foi Catholique, par Veron. *in* 12. 0.10

0.12 Réunion du Christianisme. *in* 12. 0.10

1.8 Durand commenté, ou Accord de la Philosophie avec la Théologie sur la Transubstantiation, (par Cally.) *Cologne* 1700. *in* 12. 0.10

De la Puissance du Pape sur les Princes Séculiers. Cologne 1787. *in* 12.

Les Provinciales, avec les notes de Wendrock. Cologne 1700. 2. *v. in* 12.

Extrait d'un Sermon prêché le jour de S. Polycar-pe, avec une Dissertation sur les Quartodeci-mans; (par Faydit.) *Liege* 1689. *in* 8.

Conformité des Eglises de France avec celles d'A-sie dans leur differens avec Rome, par Faydit. *in* 8.

Hist. du Syndicat de Richer. *Avignon* 1753. *in* 8.

Suite du N°. 68.

Du Moulin de la Vocation des Pasteurs. *in* 8.

Les Eaux de Siloë pour éteindre le feu du Pur-gatoire, par le même. *in* 8.

Bouclier de la Foi, par le même. *in* 8.

Le Vœu de Jacob opposé aux Vœux des Moi-nes, par Primerose. 2. *v. in* 8.

Avertissemens prophetiques de Jean Laci, qu'il a prononcés sous l'operation du S. Esprit, trad. de l'Anglois. 1708. *in* 8.

Dialogues sur les Matieres du tems, concernant la Religion. *Amst.* 1700. 2. *to. en* 1. *v. in* 8.

Burnet de l'état des Morts & des Ressuscitans, trad. du Latin par Bion. *Rotterd.* 1731. *in* 12.

Ancienne Police sur l'administration de l'Eucha-ristie, par M. de l'Aubespine. 2. *v. in* 8.

Reflexions sur le Préservatif contre le change-ment de Religion. *in* 12.

De Marca Dissertationes posthumæ. *in* 12.

L'Alcoran des Cordeliers, en Lat. & en Franç. avec des notes. *Amst.* 1734. 2. *v. in* 12. *fig.* de Picart.

Legende dorée des Ordres de S. Dominique & de S. François. *Ibid. in* 12.

Differtat. mêlées fur divers fujets importans & curieux. *Amft.* 1740. 2. to. en 1. v. in 8.

Réfutation du Syftême de Bekker. *Amft.* 1692. in 12. br.

Explicat. de quatre Paradoxes, à l'occafion du Probabilifme , trad. de Concina. *Avignon* 1751. in 12. br.

Recherches fur l'origine des idées de la Beauté & de la Vertu , trad. de l'Anglois de Hutchefon. *Amft.* 1749. 2. to. en 1. v. in 8.

Certitude des Connoiffances humaines , ou Examen des prérogatives de la Raifon & de la Foi , trad. de l'Anglois. *Londres* 1741. in 8.

Effais fur l'Homme , & fur la Critique, trad. de Pope, (par M. de Silhouette.) in 12.

La Fable des Abeilles , trad. de l'Anglois (de Mandeville.) *Lond.* 1740. 4. v. in 8.

Apologie pour Herodote, par Henry Eftienne; avec les remarques de le Duchat. *La Haye* 1735. 3. v. in 8.

Hift. du Chriftianifme des Indes, par la Croze. *La Haye* 1724. in 12.

Hift. du Chriftianifme d'Ethiopie & d'Armenie, (par le même.) *La Haye* 1739. in 8.

Hift. de la Reformation des Pays-Bas , trad. de Brandt. *La Haye* 1726. 3. v. in 12.

Théatre facré des Cevennes. *Lond.* 1707. in 8.

Etat de la France. *Par.* 1722. 5. v. in 12.

Oeuvres de Rouffeau. *Amft.* 1743. 4 v. in 12.

Oeuvres de M. de Voltaire. *Geneve* 1742. 5. v. in 12.

Nᵒ. 69.

Methode pour apprendre la Geographie , par le François. *Par.* 1751. in 12. avec des Cartes.

Traité des Refus des Sacremens. *Avignon* 1754. 2. v. in 12. br.

Reflexions fur les Connoiffances préliminaires au Chriftianifme. *Par.* 1755. 2. *v. in* 12.

Paraphrafe & Explication de l'Ancien & du Nouveau Teftament. *Par.* 1754. 6. *v. in* 12.

Paraphrafe de l'Ecclefiafte, par Hardouin. *in* 12.

Office de la Semaine Sainte , Lat. Franç. *Par.* 1740. *in* 12.

Pontificale Romanum. *Par.* 1683. *in* 12.

Obfervations fur l'Hift. du Peuple de Dieu ajoutées à l'Inftruction Paft. de M. de Caylus. 1755. 2. *v. in* 12. *br.*

Tertullien de la Chair de J. C. & de la Refurrection , trad. par Giry. *in* 12.

Oraifons devotes pour les Corps Saints de S. Sernin de Tolofe. 1644. *in* 12. *fig.*

Traité de la Religion Chretienne par rapport à la Vie civile, trad. du Latin de Pufendorf, par de Saint-Amant. *in* 12.

Corvinus in Jus Canonicum. *in* 12.

Motifs de la Converfion de Mad. Chardon. *Par.* 1755. *in* 12. *br.*

Ufage de l'Autorité Seculiere touchant la Religion, par M le Franc Evéque du Puy. *in* 12. *br.*

Differt. fur les Cenfures *in globo* &c. 1736. *in* 12. *br.*

Lettre au fujet de l'état & des droits de l'Eglife Catholique d'Utrecht. *Utrecht* 1753. *in* 12. *br.*

Lettres (du P. Touron) fur l'Hift. Ecclefiaft. de M. Morenas. *Liege* 1753. *in* 12. *br.*

Demonftration de la caufe des Divifions qui regnent en France. *Avignon* 1754. *in* 12. *br.*

Abregé de la Philofophie. *Par.* 1754. 2. *v. in* 12.

Agenda des Auteurs , ou Calpin litteraire , à l'ufage de ceux qui veulent faire des Livres. *in* 12. *br.*

0·12 Almanach des Beaux-Arts. *in* 24. *br*. 0·10

1·19 Lettres du Comte de Teſſin au Prince de Suede,
trad. *Amſt.* 1755. *in* 8. *br*. 1·0

4·14 Sept volumes reſtans, de peu de valeur, *in* 12.
& *in* 24. 1·0

Nº 70.

24·4 Pluſieurs Liaſſes de Pieces fugitives & Brochu-
res, contenant des Traitez & Opuſcules ſin-
26·8 guliers & curieux ſur divers ſujets ; leſquels
feront enoncés lors de la Vente. 24·0

Suite du Nº. 70.

1·0 Liaſſe, Lettres ſur la Confiance & la Crainte ;
Diſſert. ſur les Vertus Theologales ; Lettre ſur
le Pouvoir des Evêques. *in* 4. 1·0

1·10 Lettre ſur la nature & les bornes du Pouvoir
des Evêques, & ſur leurs devoirs. *in* 4. *pl.
ex.* 1·10

1·10 Reflexions ſur les Permiſſions de prêcher & de
confeſſer. *in* 4. *pl. ex.*

Conſultation ſur la juriſdiction & approbation
neceſſaires pour confeſſer. 1734. *in* 4. *br.*
1·5 Memoire ſur les Droits du ſecond Ordre du
Clergé, avec la Tradition qui en fait la preu-
ve. 1733. *in* 4. *br.*

2·8 Remontrances du Parl. au Roy en 1753. avec
la Tradition des Faits. *in* 4. *br.*

2·8 Diſſert. ſur la Bulle *Unigenitus.* 1752. 3. *v. in*
12. *br.* 2·0

2·17 Liaſſe de Mandemens & Pieces au ſujet du Livre
du P. Pichon. *in* 4. *br.* 2·0

4·1 Liaſſe, contenant les MSS. ſuivans ; Aſſemblées
de Sorbonne ſur le Livre des Pouvoirs du
ſecond Ordre ; Mem. ſur les Paranymphes ;
Analyſe de Holden ; Lettre juſtificative de
l'Abbé de la Chambre ; Mem. de l'Abbé Ro-
melot ; Lettre ſur le Livre intitulé, Chemin

de l'Amour Divin ; Lettre fur l'Effay touchant les changemens arrivés à la Terre. ; Ecrits , Brefs & Lettres de Benoift XIV. fur l'Ufure. *in* 4. *br.* 3 · 0

Hift. abregée du Lutheranifme & du Calvinifme, par l'Abbé Payen Chan. de l'Eglife de Paris. MS. *in* 4. *br.* 3 · 0   4 · 12

Differt. fur la nature & l'étenduë des Droits des deux Puiffances par rapport au gouvernement des Hommes. MS. *in* 4. *br.* 3 · 0   2 · 2

Lettres de M. Favre pour continuer les Memoires du P. Norbert. *Venife.* *in* 4. *bl.* 2 · 0   1 · 19

Pope fur l'Homme , trad. (par M. de Silhouette.) *in* 12. *br.* 0 · 10   1 · 6

Pope fur l'Homme convaincu d'impiété. *in* 12. *br.* 7 · [illegible]

Lettres Perfannes convaincuës d'impiété. *in* 12. *br.* 0 · 10   0 · 10

Le Ciel réformé , trad. de partie du *Spaccio della Beftia trionfante.* 1750. *in* 8. *br.*

Penfées politiques fur les Devoirs d'un Roi Citoyen. *La Haye* 1754. *in* 12. *br.*

Imitation du Roman Grec de Prodromus, par M. de Beauchamps. 1746. *in* 8. *br.* 0 · 10 } 2 · 10

Fables de la Fontaine, avec les notes de Cofte. *Par.* 1743. *in* 12. *bl.* 1 · 0

Obfervat. fur la nouvelle édition des Memoires de Sully. *in* 12. *br.* 1 · 0   5 · 1

Liaffe de Catalogues de Tableaux , Eftampes, Coquilles & Curiofités naturelles. *in* 12. *br.* 3 · 0

Le Controlleur du Parnaffe , par M. le Sage. *Berne* 1745. 2. v. *in* 12. *br.* 2 · 0   4 · 3

Lettres fur quelques Ecrits modernes, par M. Freron. *Par.* 13. v. *in* 12. *br.* 10 · 0   12 · [illegible]

L'Année Litteraire, par le même. *Par.* 13. v. *in* 12. *br.* 10 · 0   19 · 15

N°. 71.

Livres nouvellement imprimés, dont il y a plusieurs exemplaires brochés.

Introd. à la Théologie. *Utrecht* 1746. *in* 12.

Analyse des Vérités de la Religion Chrét. *Par.* 1755. *in* 12.

Exposition des differens points de Doctrine. *Utrecht* 1745. 2. *v. in* 12.

Paraphrase des Livres Sapientiaux. *Par.* 1754. 2. *v. in* 12.

Paraphrase sur les Pseaumes. *Par.* 1755. *in* 12.

Paraphrase sur Job. *Par.* 1745. *in* 12.

Paraphrase sur le N. Testament. *Par.* 1754. 4. *v. in* 12.

Pseaumes en Latin, selon la Vulgate & les Variantes Hébraïques. *in* 12.

Traité de l'Eglise de J. C. avec la Continuation. 1743. 6. *v. in* 12.

La Continuation séparément. 3. *v. in* 12.

Science du Salut, tirée de Nicole. *Par.* 1746. *in* 12.

Sermons de D. Jerome. *Liege* 1738. 5. *v. in* 12.

Sermons de M. Surian Evêque de Vence. *Liege* 1738. 2. *v. in* 12.

Traité de la Grace. *Utrecht* 1746. 4. *v. in* 12.

Réalité du Jansenisme démontrée. 1740. *in* 12.

Traité sur la doctrine de Baïus. 1739. 2. *v. in* 12.

Traité du Formulaire. *Utrecht* 1746. 4. *v. in* 12.

Traité sur la Bulle *Unigenitus.* 1738. 2. *v. in* 12.

Nature du Jugement que renferme la Bulle. 1747. *in* 12.

Dissert. sur la source des Divisions de l'Eglise de France.

France. *in* 12.
Lettres écrites par ordre du Roi pour pacifier les
troubles de l'Eglise. 1745. *in* 12.
Réfléxions fur la conduite des Miniftres de l'E-
glife. 1746. *in* 12.
Memoire fur les Libertés Gallicanes. *Amft.* 1755.
in 12.
Traité des Droits de l'Etat & du Prince fur les
Biens du Clergé. *Amft.* 1755. 2. *v. in* 12.
Abregé de la Philofophie. *Par.* 1754. 2. *v. in*
12.
Réfléxions fur les Connoiffances préliminaires au
Chriftianifme. *Par.* 1755. *in* 12.
Lettre fur l'Hiftoire naturelle de l'Ame. 1745.
in 12.
Lettres fur les Penfées philofophiq. & fur le Li-
vre des Mœurs. 1749. *in* 12.
Origine des Eglifes de S. Bertin & de S. Omer.
Par. 1737. *in* 12.

N°. 72.

De Dominis de Republica Ecclefiaftica. *Lond.*
1617. *& Francof.* 1658. 3. *v. in fol.*
Hofpinianus de Templis, & de Monachis. *Ti-*
guri 1603. *& 1609. in fol.*
Curcellæi Opera. *Amft.* 1675. *in fol.*
Hiftoria Chrifti, Perficè confcripta ab Hierony-
mo Xavier, cum verfione Latina & notis Lud.
de Dieu. *Elzevir* 1639. *in* 4.
Rituel de Soiffons. *Par.* 1753. & 1755. 4. tom
en 2. *v. in* 4.
Du mème les to. 3. & 4. *féparément.*
Auctores noni fæcu*li de Prædeftinatione & Gra-
tia, ex editione Mauguini. *Par.* 1650. 2. *v.*
in 4.
Révélations de Sainte Brigitte, trad. par Ferrai-
ge. *in* 4.

3. 1 Remarques sur les Hexaples. 2. v. in 4. 3. 0
5. 0 Recueil de Piéces sur les nouüelles Erreurs. 6. v.
        in 4. 12. 0
15. 12 Journal de l'Abbé d'Orsanne. 2. v. in 4. br. 6. 0
1. 6 De Marca Dissertationes posthumæ. in 4. 1. 0
2. 2 Petau de la Penitence Publique. in 4. 3. 0
1. 7 Du Gard de existentia Dei & immortalitate Ani-
        mæ. in 4. 1. 0
2. 15 La Religion prouvée par les faits, par Houtte-
        ville. in 4. 3. 0
3. 0 Conférence de J. C. en la Synagogue de Caphar-
        naum, contre la Manducation intentionelle des
        Hérétiques. in 4. 1. 0
1. 15 Défense de la Réformation contre les Préjugés de
        Nicole, par Claude. in 4. 1. 0
5. 15 Recueil de Piéces sur la Jurisdiction & Appro-
        bation nécessaires pour Confesser. 3. v. in 4. 6. 0
                Suite du N°. 72.
       (Du Droit Public. MS. in 4.
12. 10 {Autre Traité du Droit Public. MS. in 4. 2. 10
1. 18 Arrêts de la IVe. Chambre des Enquêtes, (par
        M. de Grainville.) Par. 1750. in 4. br. 1. 16
20. 0 Observations sur le Refus du Châtelet, &c. in 4.
        br. 2. 0
4. 5 Essai sur les Monnoyes, par M. du Pré de Saint-
        Maur. Par. 1746. in 4. 2. 10
3. 0 Théorie & Pratique du Commerce & de la Ma-
        rine, trad. de l'Espagnol. Par. 1753. in 4. 3. 0
3. 0 Mauriceau des Maladies des Femmes. in 4. 1. 10
4. 15 Essai sur les Probabilités de la durée de la vie hu-
        maine, par M. Deparcieux. Par. 1746. in 4. 2. 10
3. 15 Science pratique de l'Imprimerie, par Fertel. S.
        Omer 1723. in 4. 2. 0
14. 0 Voyages de Shaw, trad. de l'Anglois. La Haye
        1743. 2. v. in 4. fig. 6. 0
16. 19 Hist. du Traité de Westphalie, par Bougeant. 3.
        v. in 4. 7. 10

Clerici Historia Ecclesiastica. *Amst.* 1743. *in* 4. *5 · 0*
br. 2 · 0

Vérité de l'Hist. de l'Eglise de S. Omer, & son *2 · 15*
antériorité sur l'Abbaye de S. Bertin. *in* 4. *br.* *1 · 10*

Extrait de l'Introduction à l'Hist. de France, de *6 · 0*
l'Abbé de Longuerue. *MS. in* 4. *1 · 0*

Généralités de France. *MS.* 6. *v. in* 4. *6 · 0*   *14 · 19*

Traité de Diplomatique, par les Benedictins. *Par.* *10 · 2*
1750. *in* 4. *fig.* *4 · 0*

Vies des Jurisconsultes, par Taisand. *Par.* 1721. *4 · 10*
in 4. *5 · 0 double de 1737. 6 · 0*   *1 · 12*

60 · 0 Encyclopédie. *Par.* 1751. *& suiv.* 4. *v. in fol. br.* *154 · 0*

Principes du Blason, par l'Abbé de Dangeau. *in* ⎫
fol. fig. br. *1 · 0*   ⎬ *2 · 10*
Motets de Lallouette: Liv. I. *in fol. br.* *1 · 0* ⎭

N°. 73.

Hooke Theologia. 2. *v in* 8. *br.* 2 · 0   *2 · 10*

Henrici à Sancto-Ignatio Molinismus profliga- *1 · 19*
tus. *in* 8. *br.* *1 · 10*

L'Herminier Theologia. 7. *v. in* 8.

Barelete Sermones. *in* 8. *gothiq.* 2 · 0   *8 · 10*

Clerée Sermones. *in* 8. *gothiq.* *1 · 0*   2 · 8

De Greve Sermones. 2. *v. in* 8. 2 · 0   4 · 0

Faydit sur la Trinité. 1696. *in* 12.

Réfutation de Faydit sur la Trinité, par Hugo. ⎫
in 8.   ⎬ *1 · 10*
Apologie de Faydit contre le P. Hugo. *in* 8. ⎭

Réponse à l'Apologie de Faydit, par Hugo. *in* 8.

Arnauld & Nicole sur la Grace. 4. *v. in* 12. *8 · 0*   *8 · 0*

Recueil de Piéces sur le Quietisme. *Amst.* 1688.
in 12. *1 · 0*   *0 · 18*

Cas de Conscience. 1741. 4. *v. in* 12. *6 · 0*   *7 · 19*

Conférences de Paris. 12. *v. in* 12. *manque le* 3. *15 · 19*
to. *sur le Mariage.* *12 · 0*

Traité de la Religion naturelle, par Martin. *Amst.* ⎫
1713. *in* 8.

O ij

15. 6 | Traité de la Religion révélée, par le même. *Amst.* 1723. 2. *v. in* 8. 6. 0

8. 0 La Religion Chrétienne très raisonnable, par Jaquelot. *La Haye* 1710. 2. *v. in* 8. 3. 0

4. " Pensées sur la Religion, (trad. de Beveridge.) *Amst.* 1731. 2. *v. in* 12. 4. 0

1. 4 Protestant pacifique, contre Jurieu, par de la Guitonniere. *in* 12. 1. 0

2. 1 Examen des Préjugés de Nicole, par Pageon. 2. *v. in* 12. 1. 10

1. 1 Réponse à la Communion sous les deux Espéces de M. Bossuet. *in* 12. 1. 0

0. 12 L'Anti-Socinien, par Aubert de Versé. *in* 12. 0. 12

4. 19 Réponse à M. Bossuet sur la Conférence avec M. Claude. *in* 8. 1. 0

1. 1 Réponse au P. Nouet sur l'Eucharistie, par Claude. *in* 8. 1. 0

1. 0 Abregé des Controverses, par Drelincourt. *in* 8. 1. 0

2. 0 Conversations sur la Tolerance & la Liberté de Conscience. 1687. *in* 12. 1. 10

9. 4 Sens Litteral de l'Ecriture, défendu contre les Anti-Scripturaires, trad. de Stackhouse. *La Haye* 1741. 3. *v. in* 8. 8. 0

6. " Whitby de imputatione Peccati Adami. *Lond.* 1618. *in* 8. 1. 10

1. 10 Determinatio Joannis Parisiensis de Transubstantiatione. *Lond.* 1686. *in* 8. 1. 0

2. 0 Doctrine de l'Ecriture & des PP. sur les Guérisons miraculeuses, par un Benedictin. 1754. *in* 12. 1. 10

N°. 74.

7. 10 Office de la Semaine Ste. à l'usage de la Maison du Roi. *Par.* 1743. *in* 8. mar. 3. 0

2. 0 N. Testamentum, Lat. cum annotat. Holdeni. *Savreux* 1660. *in* 12. 2. 0

16. 1 Hist. du Peuple de Dieu, depuis la naissance du

Meſſie, (par le P. Berruyer.) 8. v. in 12. br. 2 . 0

Critique du Livre précédent. in 12. br. 2 . 0

Inſtructions Chrétiennes, (par de Singlin.) 5. 2 . .
v. in 8. 7 . 10

Diſſert. ſur les Bulles contre Baïus. Utrecht 1737. 4 . 5
2. v. in 8. 2 . 0

Inſtruction de M. de Caylus Evêque d'Auxerre
contre la Théſe de l'Abbé de Prades. in 12. br.
Obſervations ſur la même Théſe. in 12. br. 2 . 0
Examen de la même Théſe. in 12. br. 2 . 0

Les Conciles Généraux & Particuliers. Cologne 8 . 0
1717. 2. v. in 8. 8 . 0

Examen des Obſervations ſur le Procès-Verbal 0 . 11
du Clergé de 1750. in 8. br. 0 . 10

Juſtification des Uſages de France ſur les Maria- 1 . 1
ges des Enfans de Famille, par le Merre. in
12. 1 . 0

Diſſert. ſur l'Honoraire des Meſſes. 1748. in 8. 2 . 1
br. 1 . 0

Juſtification de la Morale & de la Diſcipline de 0 . 12
l'Egliſe de Rome, par Petitdidier. in 8. br. 1 . 0

Traitez de l'Epiſcopat & des Liturgies, trad. de 2 . 10
Clarkſon. Rotterd. 1716. in 8. 1 . 10

Noodt du Pouvoir des Souverains, & de la Li- 2 . 1
berté de Conſcience, traduit par Barbeyrac.
Amſt. 1714. in 12. 1 . 10

Traité du Jeu, par Barbeyrac. Amſt. 1709. 2. 4 . 0
v. in 8. 2 . 0

Pratique de la Morale Chrétienne, trad. de Ham- 1 . 10
mond. Amſt. 1696. in 12. br. 1 . 10

Preuves de la Religion, par M. François. 5. 5 . 4
v. in 12. br. 5 . 0

Préſervatif contre les Principes de M. de Mont- 0 . 12
geron. 1750. in 12. br. 0 . 10

Suite du N°. 74.

Diſſert. ſur l'Approbation néceſſaire pour Con- 1 . 5

fesser. *Avignon* 1755. *in* 12. *br.*

Lettres, *Ne repugnate. in* 8. *br.*

Suite des Causes célébres. 1750. *in* 8. *br.*

Code du Roi de Prusse. 3. *v. in* 8. *br.*

Essai sur l'origine des Connoissances humaines. *Amst.* 1746. 2. *v. in* 12. *br.*

Traité des Systémes, par le même Auteur. *La Haye* 1749. 2. *v. in* 12.

Le Philosophe Chrétien, par M. Formey. *in* 12. *br.*

Analyse de Bayle. *Lond.* 1755. 4. *v. in* 12.

Lettres sur l'Hist. Naturelle de M. de Buffon. 5. *v. in* 12. *br.*

Abregé de l'Hist. Ecclésiastique, (par l'Abbé Racine.) *Utrecht*, 13. *v. in* 12.

Hist. des Ordres Monastiques. *Berlin* 1751. 7. *v. in* 12. *br.*

Commentarius de novis Martyribns Ord. Prædicatorum in Sina. *Romæ* 1653. *in* 8.

Croësii Hist. Koaqueriana. *Amst.* 1696. *in* 8.

Révolut. de l'Empire de Constantinople, par M. de Burigny. 3. *v. in* 12. *br.*

Memoires historiques de Mézeray. 2. *v. in* 12. *br.*

N°. 75.

Journal Litteraire. *La Haye* 1718. *& suiv.* 23. *v. in* 8.

Bibliotheque raisonnée des Ouvrages des Sçavans de l'Europe. *Amst.* 1728. *& suiv.* 52. *v. in* 8. *br.*

Bibliotheque Angloise, par de la Roche. *Amst.* 1717. *& suiv.* 15. *v. in* 12.

Memoires Litteraites de la Gr. Bretagne, par le même. *La Haye* 1720. 8. *v. in* 12.

Deux vol. séparés des Mémoires de Litterature du P. Desmolets. *in* 12.

No. 76.

Bibliotheca Colbertina. 3. v. in 12. avec les Prix 7. 6
de la Vente. 5. 0

Catalogue de M. de la Coste. in 12. br. 1. 0   0. 12

Catalogue de M. Imbert de Cangé. in 12. br. 2. 9

Catalogue du Comte de Hoym. in 8. avec les 10. 1
Prix de la Vente. br. 5. 0

Catalogue de M. Turgot. in 8. avec les Prix de 5. 0
la Vente. 3. 0

Catalogue de M. Crozat de Tugny. in 8. avec les 5. 5
Prix de la Vente. br. 3. 0

Catalogue de M. Burette. 2. v. in 12. avec les 8. 12
Prix de la Vente. 4. 0

Catalogue de M. de Rothelin. in 8. avec les Prix 17. "
de la Vente. br. 9. 0

Catalogue de M. de Gravelle, Livres, & Estam-
pes. in 8. br. } 1. 12

Catalogue de MM. Geoffroy, Livres, Estampes,
& Curiosités. in 12. br. 2. 0 }

Catalogue de M. de Boze, Bibliotheque entiere.
in 8. br. 5. 0 } 7. 19

Catalogue des Livres restans de la même Biblio-
theque. in 8. br. }

Catalogue de M. Delan. in 8. br. 1. 10   2. 10

Catalogue de M. Secousse. in 8. br. 2. 0   2. 14

Liasse des 14. autres Catalogues. in 8. & in 4. 6
12. 3. 0

No. 77.

Lettres de S. Augustin, trad. par du Bois. 6. v. 12. 2
in 8. 12. 0

Hist. de l'Abbaye de P. R. Cologne 1752. 6. v. 18. 1
in 12. 12. 0

Geometrie de le Clerc. Par. 1744. in 8. fig. 3. 0 5. 0

Nouveau Systéme de l'Univers, sous le titre de 2. 11
Croa-genesie, ou Critique des prétendues Dé-

couvertes de Newton , par M. Gautier. Par.
1750. 2. v. in 12. fig.

L'Odyssée d'Homere , trad. par Mad. Dacier.
Par. 1741. 4. v. in 12.

Oeuvres de M. Coffin. Par. 1755. 2. v. in 12.

Parrhasiana , (par le Clerc.) in 8.

Oeuvres de l'Abbé Metaftafio , trad. 1750. 5. v.
in 12. br.

L'Efpion Turc. Cologne 1739. 6. v. in 12. fig.

Hift. de la Ville & du Diocéfe de Paris , par
l'Abbé Lebeuf. Par. 1754. 3. v. in 12.

Hift. des deux Conquêtes d'Efpagne par les Mo-
res , trad. par Lobineau, Par. 1708. in 12.

F I N.

Scieneur et arts   Recueil   85 — 21   numeros total

Beaux arts   156 — 29   fl.
                                              150 — 32
Catalogues   212 — 44
                                              315 — 44
                                              310 — 10

        Catalogue de fleurij — 1 2 page 2
                                   3

Table des catalogues
contenus en ce volume
de Mr. de Bouchardon
Catalogue d'estampes p. Basse
des tableaux Nicolas Blondeaux
dans du Cabinet Hecquet de gagny
        par Gabriel Martin

www.ingramcontent.com/pod-product-compliance
Ingram Content Group UK Ltd.
Pitfield, Milton Keynes, MK11 3LW, UK
UKHW020924140726
13695UKWH00003B/960